KB150450

해롤드 핀터 전집

해롤드 핀터 지음 | 오경심 옮김

9

달빛
파티타임
정확하게
새로운 세계 질서
재는 재로

평민사

달빛
해롤드 핀터 전집 • 9

초판 1쇄 발행일   2002년 6월 30일
초판 2쇄 발행일   2005년 10월 19일

지 은 이   해롤드 핀터
옮 긴 이   오경심
만 든 이   이정옥
만 든 곳   평민사
           서울시 서대문구 남가좌2동 370-40
           전화: (02)375-8571(代)
           팩스: (02)375-8573
http://www.pyungminsa.co.kr
E-mail pms1976@korea.com

등록번호   제10-328호

ISBN   89-7115-367-9   03680
ISBN   89-7115-358-X   (전9권)

정 가   7,500원

※잘못된 책은 교환해 드립니다.

Harold Pinter Series

Moonlight
Party Time
Precisely
The New World Order
Ashes to Ashes

Copyright @ Harold Pinter
All right reserved including the right of
reproduction in whole or in part in any form.

Korean copyright @ 2002, Pyungminsa

The Korean edition was published by arrangement with
Harold Pinter and Neabar Investments Ltd and Pyungminsa Seoul, Korea

이 책의 한국어판 저작권은 저작권자인 해롤드 핀터와의 독점 계약으로 평민사에 있습니다.
저작권법에 의해 한국내에서 보호를 받는 저작물이므로 무단 전제와 복제를 금합니다.

해롤드 핀터 전집을 내면서

해롤드 핀터가 한국에 소개된 지 거의 30년이 지났다. 30년 전, 드라마센터에서의 『생일파티』(*The Birthday Party*) 공연은 연극을 좋아하는 사람들에게 신선한 충격이었다. 공연을 보는 관객들은 그것이 무엇을 의미하는지 완전히 이해하지 못하면서도 그 작품이 주는 신비한 매력에 이끌렸다. 이런 매력 때문에 『생일파티』는 여러 시즌 동안 인기 레퍼토리 중의 하나가 되었다. 30년이 지난 현재 유시어터에서는 매년 핀터 작품을 하나씩 무대 위에 올리고 있다. 2000년에는 『벙어리 웨이터』(*Dumb Waiter*)를 *Killers*라는 제목을 붙여 공연했으며, 올해에는 『관리인』(*The Caretaker*)을 *The Guest*라고 제목을 바꿔 2001년 4월 무대에 올렸다. 핀터 작품에 대한 현재 관객의 반응은 30년 전의 드라마센터의 열기를 따르지는 못하지만, 지금까지 꾸준히 그의 작품들이 무대 위에 올려진다는 사실은 그가 연극인들에게 여전히 인기가 있다는 증거라 할 수 있다.

핀터의 작품은 공연을 전문으로 하는 연극인들에게만 사랑을 받는 것은 아니다. 대학에서 공부하는 학부 학생들, 대학원생들, 그리고 교수들로부터 더 많은 사랑을 받고 있다. 뿐만 아니라 영문학과의 희곡

과목에서 핀터는 빼놓을 수 없는 중요한 작가로 자리잡고 있다. 희곡관련 전문인들이 핀터의 작품이 가진 매력이 무엇인가를 탐구하기 위해 많은 시간을 할애하고, 그 결과 핀터에 관한 많은 논문들이 쏟아져 나오고 있다. 아마도 해롤드 핀터는 한국인이 가장 선호하는 영국 현대극작가 중 하나일 것이다. 이처럼 연극 공연분야와 연구분야에서 핀터 작품이 사랑받고 있음에도 불구하고, 그의 작품들은 아직 거의 번역되지 않고 있다. 소설과 달리 희곡은 독자에게 낯선 문학 장르라 대중에게 인기가 없기 때문일 것이다. 이와 같은 어려운 상황에서 핀터 작품 전체를 번역하기로 결정한 것은 매우 용기있는 결단이었다. 이보다 더한 용기는 이 작품들의 출판을 결정한 사실이다. 총 9권의 핀터 전집을 출판하도록 기회를 주신 평민사 이정옥 사장님께 진심으로 감사드린다. 이 전집의 출판으로 핀터의 작품들이 대중들에게 쉽게 읽혀질 수 있는 계기가 되고, 또한 핀터 연구와 공연에 도움이 되었으면 한다. 마지막으로, 출판을 위해 애써주신 평민사의 편집부원 모두에게 감사드린다.

번역진 일동

차 례

해롤드 핀터와 작품 세계

오경심(강원대학교 영어영문학과)

핀터의 청소년 시절과 작가로서의 활동

해롤드 핀터의 어린 시절, 청소년 시절, 그리고 배우 시절은 그의 작가로서의 활동과 밀접히 연관된다. 핀터는 동 런던의 핵크니 문법학교에 다녔다(1942-48). 핀터는 특히 영어와 연극, 운동 등에 두각을 나타냈으며 학교 연극 공연에서 맥베스와 로미오 등 주인공 역할을 맡았다. 학교 졸업 후 왕립 연극 아카데미(the Royal Academy of Dramatic Art)에 입학하지만 두 번 등록하고 학교를 그만뒀다(1948-49). 아카데미 재학시 핀터는 군복무의 명령을 받았는데, 군대를 가지 않겠다고 양심 선언을 했다. 그로 인해 감옥에 갈 처지에 놓였으나 운이 좋았던 그는 두 번의 재판 끝에 벌금형만을 받았다. 1951년에 짧은 기간 동안 스피치와 연극 학교(Central School of Speech and Drama)에서 배우 수련을 받은 후, 아뉴 맥매스터(Anew McMaster)의 극단에 합류해서 1년 동안 아일랜드를 순회하게 되었다. 순회 극단이 공연한 11개 작품(그중 Shakespeare 작품이 7개)에서 핀터는 배우로서 연기를 했고, 1953년는 도날드 울핏(Donald Wolfit) 극단의 8개 공연에서 단역을 맡아 연기를 했다. 배우로 활동하는 동안 핀터는 데이비드 배론(David Baron)이라는 예명을 사용하며 1954년에서 1959년까지 영국 전역의 레퍼토리 극장에서 활동을 계속했다. 1956년에 배우 비비안 머천트(Vivian Merchant)와 결혼하여 1958년에 아들 다니엘(Daniel)을 낳았다.

1957년 5월, 핀터는 친구이며 동료배우였던 헨리 울프(Henry Woolf)의 부탁을 받고 처녀작으로 『방』(The Room)을 썼다. 브리스톨 대학(Bristonl University) 연극학과에서 공부를 하고 있던 울프가 이 작품을 연출했는데 매우 성공적이었다. 브리스톨 올드 빅(Bristol Old Vic) 부속 연극학교에서는 이 작품을 가지고 『선데이 타임즈』 학생 연극 경연대회에 참여한다. 연극 평론가인 해롤드 홉슨(Harold Hobson)이 이 경연대회의 심사위원의 한 사람으로 참석해, 이 작품에 대한 연극평을 썼는데, 그 평이 젊은 흥행사 마이클 코드론(Michael Codron)을 사로잡게 된다. 핀터는 코드론의 부탁으로 『파티』(The Party)(후에 『생일파티』)와 『벙어리 웨이터』를 쓴다. 이를 계기로 그에게 잠재되어 있던 극작가로서의 능력이 발휘되게 된다. 그후 핀터는 극장, 라디오, 텔레비전을 위한 작품들을 정기적으로 발표할 뿐만 아니라 자신의 작품에서 역을 맡고 연출을 겸한다. 핀터는 또한 1963년에는 영화에도 관심을 가져 조세프 루시(Joseph Losey) 감독의 『관리인』과 『하인』(The Servant)을 시나리오로 각색한다.

동 런던에서 태어났지만 유태인이라는 사실과 2차대전의 직접적 경험이 일생 동안 그에게 영향을 끼친다. 2차대전 당시 런던은 적의 제1선의 공격 대상이었기 때문에, 핀터는 정기적으로 폭격을 경험했다. 핀터는 피난 가 있는 동안에도 계속 폭격소리를 들었다. 전쟁이 끝난 후에도, 파시스트적 반유태주의는 동런던의 현실이었다. 핀터는 핵크니 거리에서 이들로부터 폭력을 당한 경험이 있었다. 이와 같은 폭력의 위협과 실상은 핀터의 의식의 일부가 되어, 마음의 영원한 상처로 남게 된다. 핀터의 대표적 비평가 중의 하나인 마틴 에슬린(Martin Esslin)은 그 상처가 바로 작가의 눈이며, 모든 세계는 바로 그 눈을 통해 인식되기 때문에 핀터에게는 세계가 상처임을 지적하였다. 이 상처가 핀터에게는 존재론적 상처로 머물게 되며, 바로 이 존재론적 상처가 초기극의 주제가 되었다. 이 존재론적 상처를 부조리극의 수법으로 전달하기 때문에 핀터는 부조리 극작가 대열에 끼게 된다. 핀터의 공헌은 이 존재론적 상처를 유럽식의 부조리극과는 다르게 영국식 부조리극으로 만들었다는 데 있다.

핀터의 초기극들인 『방』, 『벙어리 웨이터』, 『생일파티』를 보면 등장인물들이 정체를 알 수 없는 '기관(authorities)'이 행하는 폭력의 위협에 노출되어 있다. 이러한 이유로 초기극의 제 1 원리를 '폭력과 공포'라고 생각하며 그러한 원리가 작용하는 작품 전체를 "위협 희극"으로 본다. 초기극 『생일파티』, 『핫하우스』(The Hothouse), 『벙어리 웨이터』에서 정치적 상황이 빚어내는 삶의 경험을 핀터는 존재론적으로 해석하면서 구체적으로 정치적인 언급은 피하고 있지만, 그러한 작품들을 정치적 은유로 볼 수 있다. 1980년대 이후 핀터가 노골적으로 정치극임을 표방하고 쓴 『최후의 한 잔』(One for the Road), 『산골 사투리』(Mountain Language)는 명백히 정치적 요소가 들어있다. 이와 같은 정치적 성향은 전쟁 직후에, 핀터가 군대 입대를 거부한 행위에서 이미 나타난다. 그의 행위는 그가 도덕적으로 깨어있음의 제스처이다. 그는 전쟁을 비도덕적이라고 생각했으며, 그러한 생각을 내내 고수하고 있음을 후기극과 고통받는 전 세계 작가들을 위한 그의 활동 등을 통해 표현했다.

핀터의 고등학교 영어 선생인 조세프 브리얼리(Joseph Brearley)는 핀터 극작에 직접적인 영향을 준다. 브리얼리는 핀터의 영문학 경험의 폭과 열정을 심어주었으며, 언어와 글쓰기에 대한 관심을 갖게 하였다. 그의 언어와 글쓰기에 대한 관심은 풍부하고 살아있는 전후 동런던의 길거리에서 사용된 일상 언어로까지 확장된다. 이것은 그의 극작에서 중요한 요소가 된다. 그의 작품의 강점은 특별한 상황 속의 인간의 실존적 조건을 다루는 것이 아니라, 바로 일상적 차원에서의 인간의 실존을 다루는 데 있다. 『생일파티』의 골드버그, 『관리인』의 데이비스, 『귀향』(The Homecoming)의 맥스 등의 등장인물들의 대사에서 그러한 특징이 분명히 발견된다.

핀터의 배우로서 무대 경험은 특히 관객과의 문제에 구체적으로 도움을 준다. 1950년대 이후 영국의 대표적 극작가들인 존 오스본, 톰 스토파드, 에드워드 본드(이들은 모두가 대학 출신이 아니다)처럼 핀터는 극작의 영감을 이론에서보다는 실제에서 얻고 있다. 또한 어떤 비평가는 핀터가 그의 첫 부인 비비안 머천트에게서 영감을 받았음을 지적한다. 그녀는 대부분의 핀터 작품에서 여자 주인공 역할을 했다. 특히 『귀향』에서 루스(Ruth) 연기는 특히 두드러졌는데, 핀터가 작품에서 그리고자 하는 루스를 머천트는 무대 위에 그대로 구현시켜 놓았다. 그녀가 무대 위에 창조해 낸 핀터 작품 대부분의 여성 등장인물들의 특징인 성적이면서도 설명할 수 없는, 그리고 정적 분위기는 누구도 따라갈 수 없도록 연기하였다.

핀터는 배우, 극작가로만 활동한 것이 아니라 연출가로서도 활동하였다. 그는 국내와 해외 모두에서 전례없이 인정받을 뿐만 아니라 예우를 받고 있다. 1966년에 『귀향』으로 CBE상을 받았을 뿐만 아니라 셰익스피어상(함부르그), 유럽 문학상(비엔나), 피란델로상, 데이비드 코헨 영국 문학상(David Cohen British Literature Prize)을 받았다. 그는 국내와 해외의 대학에서 명예 박사학위를 수여 받았고 런던의 퀸 매리 대학(Queen Mary College)의 명예 교수이기도 하다. 그는 평생의 활동을 인정받아 로렌스 올리비에 특별상(Laurence Olivier Special Award)과 파리에서 몰리에르 데도뇌르(the Moliere d' Honneur)도 받았다. 1990년 그의 60회 생일을 축하하기 위해 라디오 3은 저녁방송 내내 그의 작품을 방영하였다. 그리고 오하이오 대학교는 그에 대한 예우로 국제회의를 열었다. 그리고 1996년 바르셀로나, 1994년과 1997년 더블린에서는 그의 이름으로 페스티발이 열렸다. 매년 *The Pinter Review*가 템파 대학에서 출판되고 있다. 핀터는 역사학자이며 귀족인 안토니아 프레이저(Antonia Fraser)와 결혼하여 현재 런던에서 살고 있다.

연극가의 상황과 변화

핀터의 초기극이 준 충격과 그것에 대한 비평적 반응을 이해하려면 그 작품들이 쓰여졌던 당시의 연극가의 상황을 알아야 할 필요가 있다. 1950년대 후반과 1960년대 초반은 연극적 관점에서 보았을 때 현재의 상황과는 매우 달랐다. 2002년의 시점에서 핀터를 주요 극작가로 여기는 것과 1950년대 후반의 시점에서 핀터를 주요 극작가로 여기는 것의 의미가 다름을 혼동해서는 안 된다. 1950년대의 시점에서 보았을 때, 그의 초기 작품은 도전적이었으며 독창적인 스타일이었다. 작품이 도전적인 만큼 논쟁의 소지를 충분히 안고 있었다. 놀라운 것은 40년이 지난 오늘날에도 핀터는 여전히 관심을 끈다는 것이다. 핀터가 계속 관심을 끄는 이유는 스타일과 주제에 있어 꾸준한 발전을 보여왔기 때문이다. 50년대 이후 영국 현대 희곡사에서의 핀터의 공로는 인정해야 한다. 그의 초기 작품들인『생일파티』,『관리인』,『귀향』등이 훌륭한 작품들로 인정 받는 이유는 그 작품들이 당시의 연극가의 흐름을 바꾸어 놓는 데 결정적 역할을 했기 때문이다.

핀터가 배우로서 활동을 시작했을 때의, 영국의 극장가는 극작가들의 활동을 제한하고 있었다. 극장은 상업적으로 영리를 위해 운영되었기 때문이다. 이들 극장의 목표는 스타들에 의존해 관객들에게 재미를 제공함으로써 많은 이익을 올리는 데 있었다. 이 당시에는 로얄 코트 극장(The Royal Court Theater), 영국무대 극단(English Stage Company), 로얄 셰익스피어 극단(Royal Shakespeare Company), 국립극장(National Theatre)이 아직 없었다. 그리고 우리가 오늘날 알고 있는 국가 보조금(Arts Council의 예산은 거의 새로운 작품을 지원하지 않았다)도 없었으며 런던에 프린지 극장(fringe theatre—실험연극을 위한 주변 소극장)도 없었다. 더군다나 연극을 위한 정규 교육도, 연극을 위한 대학 자격시험도 없었으며, 따라서 대학에는 연극학과도 없었다. 연극공연은 당시에 대학의 관심을 끌지 못했기 때문이다.

물론 당시의 고전 작품들은 런던의 극장들에서, 그리고 순회 극단에 의해 공연되었다. 이미 언급했듯이, 핀터도 셰익스피어와 소포클레스로 순회공연을 다녔다. 그러나 아직 세인의 주목을 받을 수 있는 '새로운' 극작품들이 나올 충분한 여건이 마련되지 않았다. 전후에 가장 재능 있는 연극 비평가로 영국에서 인정받는 케네스 타이넌(Kenneth Tynan — National Theatre의 첫 번째 문학 담당 매니저)은 1955년 영국의 극장 상황에 대해 "수입작품, 리바이벌을 빼면 단 5분 동안이라도 지적 토론을 할 수 있는 작품이 하나도 없다"고 탄식한다. 타이넌은 당시의 사회적·정치적 문제를 담은 새로운 연극, 생명력 있는 연극을 위한 개혁운동에 참여하였다. 타이넌이 유감으로 삼았던 것은 당시 작품들이 진지한 '내용'을 담고 있지 않다는 것이었다. 다시 말해 작품들이 당시 영국의 삶을 반영하지 못한다는 것이었다. 그는 전후의 깊은 잠에서 깨어난 젊은 세대를 대변했다. 그 젊은이들의 목소리는 그때까지 극장에서 부재했었다. 타이넌과 같은 비평가와 외부 연극의 영향 등에 힘입어 2-3년 후부터 영국의 연극가는 변화하기 시작한다. 1955년부터 1960년대 중반까지 '르네상스', '혁명'이라고까지 할 정도로 대변화가 일어났다. 1955년에 제대로 된 새로운 극작가가 한 명도 없다는 타이넌의 탄식과는 대조적으로, 1992년도의 현대 영국 극작가(Contemporary British Dramatists)라는 제목을 가진 영국문화원(British Council) 전시 카타롤그에는 관심을 끌 만한 극작가가 66명이나 되었다. 이중 1955년에 알려진 극작가는 한 명도 없었다.

20세기 후반부에 일어난 변화는 1950년대 후반과 1960년대 초반부터 시작되었다. 변화의 계기를 마련한 것은 작품들을 찾는 새로운 극단의 설립이었다. 젊은 작가들에게 이제 새로운 글쓰기를 위한 기회가 주어졌다. 1956년부터 1965년까지 다양한 글쓰기 스타일을 가진 극작가들이 탄생하게 된다. 존 아든, 존 오스본, 사뮤엘 베케트, 해롤드 핀터, 아놀드 웨스커, 피터 쉐퍼, 조 오튼, 에드워드 본드, 톰 스토파드 등이다. 이들의 공통점은 현대 영국에 대한 불만을 타협하지 않고 표현한 것이었다.

또 한편 1950년대 후반에, 전통적으로 대륙과의 교류를 달가워하지 않던 영국 극장이 전후 유럽 극장의 변화를 눈여겨보기 시작한 것이다. 1955년에 사뮤엘 베케트의 작품 『고도를 기다리며』가 런던에서 공연되었고, 다음 해에 동독 극작가인 버톨트 브레히트(Bertolt Brecht)가 이끄는 극단인 벨리너 앙상블(Berliner Ensemble)이 런던을 방문했다. 이 두 공연은 그 당시 안이했던 영국 극장에 커다란 사건이었다. 이 두 사건은 1960년대부터 2001년까지 영국 현대연극의 주요 흐름을 결정하였다. 그중 하나는 부조리극이고 또다른 하나는 여성 연극과 정치극이다. 핀터는 이 둘 중에 부조리극에 속한다. 핀터의 후기극을 비평가들은 정치극의 카테고리에 넣고 싶어하지만 그의 정치극은 하워드 브렌튼(Howard Brenton)이나 데이비드 헤어(David Hare) 등의 정치극과는 다르다. 그는 정치적 상황을 작품의 소재로 삼을 뿐 작품이 제시하는 세계관은 여전히 실존적 부조리이다. 외부 세계와 관계가 있는 구체화되지 않은 '위협(menace)', 희극적 요소와 심각한 스트레스의 결합, 과거에 대한 검증의 결여, 이와 같은 모든 극적 상황들에 나타나는 외관상의 부조리성 등은 핀터를 마틴 에슬린의 저서 『부조리 연극』 (*The Theatre of the Absurd*)에서 부조리 작가의 대열에 서게 한다.

극작가로서의 핀터

그 자신도 인정하듯이, 핀터는 사뮤엘 베케트식의 대화와 암울한 세계관에 영향을 받는다. 그럼에도 불구하고, 앞에서도 언급했듯이 핀터는 '핀터레스크' (Pinteresque)라는 자신만의 스타일을 개발한다. 핀터는 자신만의 스타일을 폭력과 위협으로 가득 찬 세계에 대한 구체적 경험과 영국의 희극 전통과 사실주의 전통을 합해 만든다. 마틴 에슬린은 이중에서 핀터 작품의 '사실주의적' 특징에 관심을 둔다. 그러나 핀터의 관심은 사실주의 자체에 있지 않다. 사실주의적인 대화나 행위를 내면의 무엇인가를 드러내기 위한 수단으로 사용하기 때문이다.

핀터의 작품은 사실주의 효과를 내기 위해, 진부한 연극 틀인 잘 짜여진 형식을 그대로 답습하고 있다. 그러나 심층적으로 보면 새로운 용기에 새로운 내용을 담고 있음이 밝혀진다. 핀터는 기존의 틀인 잘 짜여진 극형식을 해체하기 위하여 바로 그 형식을 사용하고 있는 것이다. 핀터는 과거의 세계관을 해체하기 위해 과거의 형식을 사용함으로써 이중의 효과를 얻는다. 첫째는 과거의 형식과 내용을 해체시키면서 동시에 새로운 형식과 내용을 만들어낸다. 이러한 점이 핀터가 베케트와 다른 점이다. 핀터는 분명히 실존적 부조리를 작품에 구현하고 있다. 그러나 베케트가 만들어내는 부조리극의 세계와는 전혀 다르다. 핀터는 과거의 형식 속에 담긴 일상적 세계, 극히 우리에게 친숙한 구체적인 세계들을 해체시킴으로써 부조리한 세계를 그려내는 것이다.

'노동자 계층을 심각하게 다루는 데 관심을 가졌던 50년대 새로운 작가인 존 아든과 아놀드 웨스커처럼 사회문제에 관심을 가진 작가로 핀터를 분류하려는 비평가들이 있다. 그 이유는 핀터 초기 작품의 등장인물들이 대부분 하층계급 출신 노인들이기 때문이다. 또 한편, 『생일파티』에서 빼놓을 수 없는 중요 요소인 폭력을 오스본의 수사적 폭력과 본드의 물리적 폭력으로 연결하여 해석하려 한다. 핀터를 이처럼 다른 작가들과 연관시키려는 것은 무엇이든 반드시 이용하려는 비평가의 학자적 태도에서 비롯된다고 생각한다.

핀터는 항상 로얄 코트 극장(Royal Court Theatre)과 관련을 맺은 '사회적' 극작가들이 주장했던 현실참여를 부인했다. 그는 어떤 그룹에 소속된 적이 없다. 사실 핀터는 희극, 비극 또는 소극과 같은 전통적 드라마 형식들로 자신의 작품을 분류하는 것은 부적절하다고 생각했다. 그의 작품해석에 있어 가장 중요한 것은 '나 자신을 위한 글쓰기'라는 핀터의 생각이다. "처음부터 끝까지 그리고 항상, 당신은 쓰기를 원하는 무엇인가가 있기 때문에, 써야만 하는 무엇인가가 있기 때문에 쓴다"("Writing for Myself", *Plays Two*, ix)라고 핀터가 피력했듯이,

핀터의 극작은 일차적으로 그 자신을 위한 것이다. 핀터 작품의 희극적 요소, 사실주의적 요소 근간에 이러한 생각이 들어 있다. 바로 그 점, 사실주의적 기법을 사용함에도 불구하고 객관적이지 않고 개인적인 점이 핀터만의 독특한 스타일을 만들어내게 한다.

자신이 정치적임을 표방하고 나선 1980년대 핀터는 멜 거쏘(Mel Gusseow)와의 대담에서 자신의 작가 경력을 정치적인 관점에서 3기로 나눈다. 50년대 후반을 제1기, 50년대 후반 이후 『최후의 한 잔』의 발표 이전까지 제2기, 그 후를 제3기로 본다. 핀터에 의하면 제1기에 자신은 "일종의 정치적 극작가(political playwright of a kind)" 였으며, 제2기는 완전히 비정치적 작가로 비정치적 작품을 썼다고 한다. 이처럼 정치 의식이 잠들어 있었던 제2기를 베네딕트 나이팅게일(Benedict Nightingale)은 몽유병 시기라 부른다. 이 시기에 속하는 대표 작품이 『귀향』, 『사장된 땅』(*No Man's Land*), 『배반』(*The Betrayal*) 등이다. 제3기의 핀터는 고문과 핵문제와 같은 정치 문제에 적극적 관심을 갖게 되고 이러한 정치적 관심이 『마지막 한 잔』과 『산골 사투리』로 구체화되어 나타난다.

앞에서 언급했듯이, 일반적으로 초기의 핀터는 개인적이며 존재론적인 문제에 관심을 가졌다. 초기극에 부조리적 세계관이 강하게 나타나는 것은 부인할 수 없는 사실이지만, 또 한편으로 이러한 작품들에 핀터의 정치적 의식이 내재되어 있는 것 또한 사실이다. 제1기 작품인 『생일파티』와 제3기 작품인 『최후의 한 잔』에서 우리는 공통된 정치의식을 찾아볼 수 있는데 그것은 알 수 없는 어떤 기관(a certain authoritarian forces)' 에 의해 파괴되는 개인을 그린다는 점이다. 핀터는 이 두 작품들의 차이는 은유적이냐 구체적이냐에 있다고 한다. 제1기의 핀터는 정치에 대해 매우 회의적이었기 때문에 그들에게 이용당하지 않겠다는 결심을 했다고 나이팅게일과의 대담에서 밝힌다. 그의 정치 의식이 실존문제와 합쳐져 개인적 차원에 머문 것은 바로 그러한 이유에서였다. 사실, 핀터는 초기부터 정치적으로 깨어 있었다. 그럼에도 불구하고 참여하게 되면 오히려 이용당한다는 생각을 가지고 있었기 때문에 그가 할 수 있는 최선의 길은 거부하고 인정하지 않고 참여하지 않는 것이었다. 정치적 의식이 바깥으로 뻗지 못하고 그것이 오히려 그에게 한계로 작용하였기 때문에 제2기 핀터의 작품은 '권태와 무력감의 결합' 이라는 특징을 보인다. 정치적 은자인 핀터가 저널리스트들의 공격 대상이 되면서 대중에게 어필하기 시작한 것은 1985년 아서 밀러(Arthur Miller)와 국제 펜 대회를 위해 터키를 방문하면서부터이다. 밀러와 핀터는 터키에서 행해지고 있는 이야기로만 듣던 '대량체포, 구타, 고문' 등을 직접 경험하게 된다. 핀터는 미국 대사관에서 밀러를 위해 베푼 정찬에 참석하게 되는데, 이 때 핀터는 정치적 문제로 공방을 벌이다가 극도로 흥분하여 미국 대사에게 "당신의 성기에 전기를 통하게 한다면, 그처럼 다양한 의견을 개진할 수 없을 것이다"고 공격한다. 대사를 향한 이와 같은 모욕적 언사로 인해, 핀터와 밀러가 터키를 떠나면서 갖기로 한 기자회견이 취소되고, 터키에서의 행적을 샅샅이 조사당한다. 터키 여행을 계기로 핀터는 시위에 참여하는 등 적극적으로 정치에 대한 관심을 표출한다. 터키에서의 인권을 위협하는 고문의 실상이 이처럼 핀터를 변화시킨다.

고문의 문제와 함께 핀터를 정치적으로 각성하게 한 또다른 문제가 있다. 그것은 20세기 인간의 생존을 위협하는 핵의 심각성이다. 인류의 존폐가 달려 있는 핵의 심각성과 인권을 위협하는 고문 등은 초기 작품에서 은유로 머물러 있던 핀터의 정치의식을 바깥으로 표출시킨다. 『최후의 한 잔』을 계기로 핀터는 자신이 정치적으로 변했음을 인정한다. 그러나 핀터가 말하는 '정치적'이란 아지트프랍(agit-prop) 선전 선동극 계열의 데이비드 헤어나 하워드 브렌튼 등의 '정치적'과는 성격을 달리한다. 핀터는 이들처럼 구체적 정치현실에 관심이 없었기 때문에 구체적 정치사상에도 관심이 없었다. 그의 관심은 권력의 본질과 그것을 행하는 주체의 본질을 정확하게 파악하여 사람들에게 알게 하고 인식시키는 데에 있다. 그리고 권력이 공식화시키면서 자행하는 폭력으로 인한 인권 유린의 현장을 관객에게 경험하게 하는 데에 있다.

핀터는 1990년대에 들어서면서 발표한 『새로운 세계 질서』(*The New World Order*, 1991)와 『정확하게』(*Precisely*, 1991)로 1980년대의 정치극을 마감한다. 그러나 정치주의 여파는 같은 해에 발표한 『파티타임』(*Party Time*)에서도 찾을 수 있다. 『파티타임』에는 제3기의 정치극 요소들이 아직 남아 있기는 하지만 80년대 정치극과는 다른 양상을 띠기 시작한다. 외부 세계에서 정치적 사건으로, 아니면 국제간의 분쟁으로 누가 희생되든 상관하지 않는 상류계층 사람들의 사교생활에 초점을 맞춘다. 그러나 이 외부 세계의 정치적 사건을 그저 바깥에만 있지는 않음을, 상류계층 사람들의 삶이 그러한 사건을 가능하게 함을 암시한다.

1993년에 발표한 『달빛』(*Moonlight*)에서 핀터는 과거의 핀터로 돌아간 듯한 인상을 준다. 핀터 자신도 밝히듯이, 이 작품은 브리지트의 역할을 중심에 두었다는 점에서 루스의 역할을 중심에 둔 『귀향』은 회상극으로, 공간처리는 『침묵』(*Silence*)을 떠올리게 한다. 그런가 하면 "현존하는 죽은 자(the dead being present)"의 현실에 대한 영향을 다룬 점에서는 『사장된 땅』(*No Man's Land*)의 일부를 보는 것 같다. 그러나 핀터는 이 작품에서 앞에 발표한 많은 작품들의 테마, 장치들을 사용하고 있지만, 앞의 작품들보다 훨씬 어둡고 모호하다.

핀터는 3년 후, 1996년에 다시 새로운 작품 『재는 재로』(*Ashes to Ashes*)를 발표한다. 여기서 다시 제3기의 폭력 문제가 나타난다. 그럼에도 불구하고 제3기의 작품과는 매우 다르다. 마치 이 작품은 핀터 초기의 『정부』(*Lover*)를 보는 듯하다. 현실과 환상의 세계가 뒤얽혀, 어느 것이 현실인지 환상인지가 구분이 안 간다. 그러나 핀터는 여기에 머무는 것이 아니고 폭력과 사랑의 문제를 병합시킨다. 두 남녀의 행동이 사랑에서 나온 행동인지 아니면 고문처럼 폭력을 휘두르는 장면인지가 묘하게 얽혀 구분이 되지 않는다. 이 작품은 남녀관계를 사랑이라는 이데올로기 하에 저지르는 폭력의 시각으로 보여주면서, 또 한편 시민에 대한 탄압을 평행선으로 놓아 그것도 그러한 관점에서 보게 만든다.

핀터는 1996년 『재는 재로』라는 작품을 발표한 후 밀레니엄을 기념하는 의미에서 2000년 1월에 『축하파티』(*Celebration*)라는 작품을 발표한다. 이 작품은 물론 밀레니엄을 단순하게 축하하는 작품이 아니다. 오히려 냉소적으로 비웃는다는 것이 정확한 해석일 것이다.

『축하파티』는 2000년 3월 16일에 공연되었다. 2000년은 핀터의 70번째 생일이므로 이 작품의 제목은 적절하게 붙여진 것이다. 『축하파티』는 핀터적 언어풍자의 축하파티이다. 그러나 그것은 분명히 마가렛 대처 이후의 영국을 그려내고 있다. 탐욕스럽고 침묵을 강요하는 지적 기준들이 지배하는 사회를 그려내는데, 끊임없이 자신의 할아버지에 대한 향수어린 기억들을 쏟아내는 지적 스놉인 젊은 웨이터는 잃어버린 가치들을 대표하는 것인지 아니면 재재거리는 계층들을 조롱하기 위한 것인지가 분명치 않고, 이 모두를 의도한 것이 아닌가 하는 생각이 든다. 그의 대사는 사그라져 가는 상류 계층들의 대화를 떠올리게 하면서 동시에 그들을 조롱한다. 어떤 면에서 핀터 자신을 조롱하고 있는지도 모른다. 오스트로-헝가리 제국으로부터 이민온 조상의 손주인 핀터는 에이츠, 오든, 카프카, 조이스 같은 커다란 이름들을 존경하는 자신을 비웃는다. 그리고 30년대, 40년대, 50년대 헐리우드 영화의 열성 팬이었던 그 자신을 비웃고 있는지도 모른다. 이 작품은 웨이터의 갈망으로 연극이 끝나게 된다. 그러한 종결이 공중에 매달린 상태로 있다.

『달빛』, 『재는 재로』, 『축하파티』는 모두 멜랑콜리 독백으로 끝난다는 공통점을 보인다. 브리지트는 결코 열리지 않던 파티에 대한 대사로, 레베카는 잃어버린 아기에 대한 슬픔으로, 그리고 젊은 웨이터의 끝맺지 못한 끼여든 대사로 끝을 낸다. 이는 암울한 현실 속에서 가능성을 찾으려는 핀터의 독백이 아닐까 생각해 본다.

핀터 작품에서 세 부호점(three dots), 사이(pause), 침묵(Silence)은 어떻게 읽어야 하나?

핀터 작품에 있어 세 부호점(Three dots), 사이(pause), 침묵(silence), 암전(blackout), 막(curtain) 등은 작품의 구성 요소들이다. 핀터는 이것들을 유효 적절히 사용함으로써 전체적으로 작품이 꽉 차인 구조를 가지게 함과 동시에 효과적으로 텍스트 이면에 있는 섭텍스트(subtext)를 드러나게 한다. 특히 막과 암전(blackout)은 전체적 작품의 틀을 준다. 막은 작품이 시작되었음과 끝났음을 알리며, 암전은 시간의 경과와 더불어 장면을 나누어 주는(scene divider) 역할을 한다. '사이'는 대화에 리듬을 부여하며, '침묵'은 전체적으로 액션 전개의 의미있는 경계가 된다. 막을 제외한 나머지 것들은 동시에 섭텍스트를 부각시키는 역할을 한다.

표면구조와 심층구조가 역설적인 관계에 놓여있는 핀터의 작품에는 객관적 현실과 주관적 내면세계가 동시에 존재한다. 객관적 현실에서의 등장인물은 가면 뒤에 감정을 감추고 자신의 영역을 확보하기 위해 지배하느냐 지배당하느냐의 적대적 게임(games of hostility)을 벌인다. 핀터의 작품 속 등장인물들이 벌이는 게임은 형이상학적 침묵이 지배하는 상황에서 비존재로 물러나지 않기 위해서 벌이는 베케트의 게임과는 다르다. 베케트의 게임은 때때로 등장인물간의 연대감을 형성하게 한다. 그러나 게임을 멈추는 순간 등장인물들은 그들의 삶의 조건인 절망과 무를 대면하게 된다. 반면에 핀터의 등장인물들이 벌이는 게임은 영역다툼의 사회성을 띤 목적 있는 게임에도 불구하고, 이들은 게임을 벌이면서 항상 자신과 관계하기 때문에 "개인 내의 갈등(intrapersonal conflict)"을 느낀다. 이러한 갈등을 통해 때때로 등장인물들은 타인과의 관계 속에서 본래적 자기를 경험하게 된다.

적대적 게임을 벌일 때의 수단은 언어이다. 게임 참가자들은 '자기 자신의 적나라함을 가리면서' 남을 공격하기 위한 '끊임없는 책략'으로 언어를 사용한다. 기도 알만지(Guido Almansi)는 이러한 책략의 언어를 "사회적 진보를 목적으로 하는 언어"가 아니라 "실존적 생존을 위한 언어"로 본다. 이는 삶을 깨우치는 계몽의 역할을 하지 못하고 오히려 삶을 혼미하게 할 뿐이다. 실존적 생존을 위한 게임에 사용되는 언어는 거짓말과 책략의 타락한 언어이다.

이러한 게임에 사용되는 언어는 발화되는 순간부터 생명력을 상실하게 되는 분절 담화(articulate speech)이다. 말의 모호함(verbal ambiguity)의 원천인 분절 담화는 등장인물들의 대화와 그들이 만들어내는 이야기에서 큰 비중을 차지한다. 핀터에 의하면 그것은 사용하면 사용할수록 의미를 상실하며 생명력이 소진된다.

내가 분절 담화에 주의를 기울이지 않는 한 가지 이유는 담화가 분절될 때, 점점 더 의미가 없어지기 때문이다. 이런 담화들은 더 이상 살아있지 않다. 그것들은 개화된 분절적인 사람들의 살아있는 언어의 숨결을 가지고 있지 않은, 단지 캐치 프레이즈와 습관적 교환에 지나지 않을 뿐이다.

Hallom Termysoner와의 대담에서, 1960년.

그러나 핀터의 작품은 분절 담화로 이루어진 책략적 언어로 지배와 비굴의 파워 게임을 벌이는, 비인간화된 인간관계를 제시하는 것으로 머물지 않는다. 랜덜 스티븐슨(Randall Stevenson)이 핀터의 공적은 연극의 기존 관례를 지키면서 개인의 내면세계를 무대 위에 올리는 것을 가능하도록 문체, 보조(pace), 극적언어(dramatic language)를 개발한 것이라고 지적하듯이(53), 핀터 작품은 책략적 언어가 초래하는 지배와 굴종의 인간관계에 관심이 있는 것이 아니라, 책략적 언어가 방어하고 보호하는 등장인물의 내면세계를 탐사하는 데에 목적이 있는 것이다.

핀터의 극중인물은 내면세계가 살아있는 중심인물과 죽음의 상태의 마비된 삶을 살아가는 인물로 나뉘어진다. 전자는 자신의 생각을 표현할 때 분절 담화와 더불어 사이와 침묵, 때때로 시적 모놀로그를 사용하는 데 반하여 후자는 분절 담화를 주로 사용한다. 분절 담화는 핀터가 창작할 때 극복해야 할 장애물이듯, 등장인물들이 내면적인 핵심의 감정 세계로 들어가 개인의 개별성을 주장하려면 극복해야 할 장애물이다. 중심되는 인물은 실존적 창조자로서 지배와 굴종의 인간관계와 인간관계를 지배하는 타락한 언어와의 투쟁을 통하여 자신의 내면세계를 탐사해 간다.

핀터는 등장인물 중 자신이 겪는 것과 동일한 패턴의 정신적 변화를 보이는 실존적 창조자로 살아가는 등장인물의 인식세계의 변화를 직접적인 언어로 표현하지 않고 '담화 중 침묵(spoken silence)' 과 '담화하지 않을 시 침묵(unspoken silence)' 사이의 갈등을 통하여 나타낸다. '담화 중 침묵' 은 말 뒤에 있는 침묵을 의미하며 '담화하지 않을 시 침묵' 은 가면을 벗은 상태에서 오는 침묵을 말한다. '담화 중 침묵' 은 구문론적으로 불합리한 대화와 내적 독백의 두 종류로 되어 있고 '담화하지 않을 시 침묵' 은 말하는 가운데 떠오르는 세 부호점, 침묵 그리고 사이로 이루어져 있다. 세 부호점은 주로 화자가 자신의 생각을 구상해서 표현하기 어려움을 나타내며, 침묵과 사이를 통하여 핀터는 그의 등장인물들이 어떻게 사고하고 있는가, 어떤 감정상태인가를 전달한다. 그는 '담화 중 침묵' 을 통하여 그들의 마비된 삶 속에서의 정신상태를 보여주며, '담화 중 침묵' 과 '담화하지 않을 시 침묵' 의 갈등에서 나타나는 사이와 침묵을 통해서는 등장인물 사이에, 또는 한 등장인물의 의식과 무의식의 동기가 침묵 가운데 상호작용하는 것을 경험한다. 에슬린에 의하면 사이의 순간은 '폭풍의 정지된 중심(the still centers of the storm)' 이며, 침묵은 그와 같은 격정기가 끝났음을 알려준다. 그러나 때때로 침묵은 망각의 세계로 빠져드는 경우, 물러나는 경우, 무로 해체되는 경우, 고립되거나 도덕적 무감각 상태로 되는 경우, 그리고 위협과 투쟁의 순간에도 사용된다.

연극이 시작할 때의 극중인물들은 서로 대화하는 것같이 보이지만 정신적인 마비상태에 있기 때문에 상투적 언어를 사용하든지 습관적으로 뒤에 숨든지 아니면 내적 독백을 하는 경우가 대부분이다. 이때 이들이 사용하는 언어는 표현과 내용이 다르게 나타난다. 그들은 자신들에게 변화를 가져올 수도 있는 것과 부딪치기보다 피하고 싶은 마음이 강하게 작용해 형식만이 남은 죽은 언어를 사용하기 때문이다. 이들이 계속 피함에도 불구하고 실제로 언어의 이면에 숨어있는 침묵을 통하여 또는 간간이 떠오르는 침묵이나 사이를 통해 그들을 위협한다. 이러한 갈등이 점점 발전하여 '진정한 침묵(true silence)'이 찾아오게 된다. 이 순간은 완전한 침묵으로 끝날 수도 있고 표현과 내용이 일치하게 되는 생명력을 가진 시적 독백이 터져 나오는 계기를 마련하기도 한다. 시적 독백이 나오는 순간은 텍스트에 섭텍스트가 영향을 미치는 순간으로 중심인물의 자기실현이 일어난다. 그러나 이러한 순간은 오래 지속될 수 없다.

참고문헌

- Almansi, Guido & Simon Handerson. *Harold Pinter*. London: Methuen, 1983
- Esslin, Martin. *Pinter: A Study of His Plays*. New York: The Norton Lib., 1976.
- Inns, Christopher. *Modern British Drama 1890-1990*. Cambridge: Cambridge Univ. Press, 1992.
- Naismith, Bill. *Harold Pinter : The Caretaker, The Birthday Party, The Homecoming*. Faber Critical Guides, London: Methuen, 2000.
- Rusinko, Susan. *British Drama 1950 to the Present: A Critical History*. Boston: Twayne Publishers, 1989.
- Stevenson, Randall. "Harold Pinter Innovator," Harold Pinter: *You've Never Heard Such Silence*. ed. Alan Bold. Totawa, N.J.: Vision Press, 1984.

달 빛

Moonlight

....

『달빛』은 1993년 9월 7일 런던 알 메이다 극장에서 초연되었다.

캐스트

앤디	이안 홈
벨	안나 매씨
제이크	더글라스 핫지
프레드	마이클 쉰
마리아	질 존슨
랄프	에드워드 드 수자
브리지트	클래르 스키너

연출	데이비드 르보
디자이너	밥 크라울리

등장인물

앤디	————————	50대 남자
벨	————————	50세 여자
제이크	————————	28세 남자
프레드	————————	27세 남자
마리아	————————	50세 여자
랄프	————————	50대 남자
브리지트	————————	16세 소녀

연극이 벌어지는 주요 영역들

1. 앤디 침실 - 가구가 잘 갖추어져 있다.

2. 프레드 침실 - 누추하다.

   (이 방들은 각기 다른 장소에 위치해 있다.)

3. 브리지트가 나타나는 영역, 앤디는 밤에 그곳으로 들어간다. 제이
   크, 프레드 그리고 브리지트 셋이 나타나 연기하는 곳이다.

어스름한 불빛에 브리지트.

브리지트 잠이 안 와. 달이 안 떴네. 너무 어두워, 아래층에 내려가 돌
아다녀 볼까. 아무 소리도 내지 말아야지. 정말 아무 소리도 내지
않을 거야. 아무도 내가 내는 소리를 듣지 못할 거야. 너무 어두워,
어두우면 모든 것이 더 조용해지지. 하지만 밤에 내가 돌아다닌다
는 사실은 아무도 모를 거야. 어머니와 아버지를 깨우고 싶지 않아.
그분들은 정말 지치셨거든. 당신들 인생 대부분을 나와 내 남동생
들을 위해 바치셨어. 정말 일생 내내. 모든 정력과 모든 사랑을. 그
분들은 방해받지 말고 주무셔야 해. 그래야 푹 쉬고 일어나시지. 그
러도록 나는 신경을 써 드려야만 해. 그게 내 임무야. 왜냐하면 그
분들은 나를 바라보면서 당신들이 생에서 유일하게 남겨 놓은 것
은 나뿐이라고 생각하시거든.

앤디의 침실.
앤디는 누워 있다. 벨은 앉아 있다.
그녀는 수를 놓고 있다.

앤디 아들들은 어디 있지? 아들들을 찾았어?

벨 찾고 있는 중이야.

앤디 당신은 몇 주 동안이나 찾아 헤매고 있네. 그런데 아무 성과가 없
다니 고양이도 웃을 일이야. 우리 고양이 기르지?

벨 그렇지.

앤디 그게 웃고 있어?

벨 당장이라도 졸도할 것같이.

앤디 뭐 때문에? 나 때문에.

벨 당신이 사랑하는 고양이가 왜 당신을 보고 웃겠어? 고양이도 새끼
였고 당신도 젊었을 때, 당신이 정말 사랑했던 그 고양이가, 당신이
정말 귀여워하고 쓰다듬어 주고 껴안아 주고 사랑했던 그 고양이
가, 왜, 어떻게 자신의 주인을 보고 웃을 수 있겠어? 조금도 믿을 수
없어.

앤디 그런데 고양이가 누군가를 보고 웃고 있잖아?

벨 고양이는 나를 보고 웃는 거야. 나의 어리석은 행동을 보고. 아들들을 찾지 못하는 것을 보고, 아들들을 아버지 임종에 불러오지 못하는 것을 보고.

앤디 글쎄 그럴듯한데. 당신은 고양이가 조롱하기에 적절한 대상이지. 그리고 내가 당신을 얼마나 사랑했는지.

사이.

당신은 정말 멋진 여인이었어. 정말 인정이 많았어. 물론, 아직도 그래. 여기서도 그것을 들을 수 있어. 탕하고 닫고 가버리는 소리.

사이.

벨 당신은 뭔가를 느껴? 무엇을 느끼지? 덥다고 느껴? 아니면 춥다고? 아니면 둘 다? 당신은 어떻게 느끼지? 다리에 한기를 느껴? 아니면 덥다고? 손가락은 어때? 그것들은 어때요? 그것들이 시려워? 아니면 뜨거워 ? 아니면 시럽지도 뜨겁지도 않아?

앤디 농담이지? 맙소사, 나를 놀리네[1]. 내 마누라가. 내가 죽어가는데. 내 마누라가 저 못된 고양이랑 똑같네.

---

1) 놀리네(taking the piss): ‘piss’ 는 ‘오줌누다’ 라는 의미인데 ‘take the piss’ 가 되면 ‘놀린다’ 라고 뜻이 변한다. 벨은 여기서 take the piss가 어떻게 ‘놀린다’ 라는 의미가 되는지 그 점이 이해 안 간다고 함.

벨 어쩌면 수녀원 학교 교육 때문인지 모르지만, '놀린다'[2]라는 표현을 들으면 어찌할 바를 모르겠어.

앤디 어찌할 바를 모르겠다구. 당신은 탐욕적이고, 음탕하고, 호색적으로 살면서 한 번도 그런 적이 없는데.

벨 당신은 죽어가고 있는지 모르지만, 그렇다고 그렇게 어리석게 굴 필요는 없어.

앤디 어쨌든, 나는 왜 죽어가고 있지? 난 누구한테도 한 번도 해롭게 한 적이 없는데. 선량하면 죽지 않아. 나쁘면 죽고.

벨 우리 여자애들은 분명히 '오줌누다'라는 동사를 배웠어, 그래 맞아, 고 3때였어, 틀림없이. 나는 오줌을 눈다, 당신도 오줌을 눈다, 그녀도 오줌을 눈다, 등등.

앤디 우리 여자애들! 맙소사!

벨 하지만, '놀린다'라는 표현은 배우지 않았어.

앤디 거기엔 조롱의 뜻이 담겨 있어! 조롱하자는 거야. 조롱의 뜻이야! 조롱! 조롱!

벨 정말? 정말 이상하네. 이것을 합리적으로 설명할 수 있어?

---

2) 벨이 당황하는 것은 'piss' 즉, '오줌누다'라는 단어 때문이다.

앤디 합리성은 벌써 오래 전에 퇴물이 돼 버려 그 이후론 본 적이 없어. 당신의 그 유명한 합리성은 쓰레기 처리 분학에서 여기저기 헤엄치고 있지. 영원히 오수 구덩이에서 트림하고 방귀 뀌고 있어. 운명이야. 그게 항상 당신의 그 유명한 합리적 지성의 운명이었어, 샤워 크림과 꿀꿀이 죽 속에서 숨막혀 죽는 게.

벨 아유 제발, 진정해.

앤디 왜? 왜?

　사이.

　무슨 뜻이야?

　프레드의 침실.
　프레드는 누워 있다. 제이크가 들어와서 그에게로 걸어간다.

제이크 프레드.

프레드 형.

　제이크는 침대 옆에 앉아 있다.

제이크 내 꼬마 동생은 어떠신가?

프레드 우울하지만 즐거워. 불안한 대로 안정됐어.

제이크 모든 게 잘될 거야. 모든 일들이 다 잘될 거야.

　　사이.

프레드 올해에는 어떻게 휴가를 보낼 거지? 예술 기행 아니면 해변가?

제이크 너같이 재간 있는 사람에게는 조금씩 둘 다 필요하다고 생각
　　해.

프레드 아니면 어느 것도 필요하지 않든지.

제이크 네가 활기를 찾는 게 정말 중요해.

프레드 어느 정도까지?

제이크 글쎄 . . . 예를 들면 . . . 중국사람은 얼마나 기운 차지?

프레드 상당히.

제이크 바로 그거야.

　　사이.

프레드 아직 어린아이였을 때 형은 시를 썼어, 그렇지 않아?

제이크 글을 읽을 수 있기 전에 시를 썼지.

프레드 들어봐. 말도 하기 전에 형이 이미 시를 썼다는 것을 난 우연히 알게 되었어.

제이크 맞아! 태어나기도 전에 시를 썼어.

프레드 그래서 형이 극상품이라고 말하고 싶은 거야?

제이크 진품.

프레드 고의로 헐값으로 팔 수 없는.

제이크 정확해.

　침묵.

프레드 들어봐. 나는 온통 전부에 대해 생각하고 있어. 우리에게 무엇이 필요한지를 형한테 말할게. 자본이 필요해.

제이크 나한테 있어.

프레드 형한테 있다고?

제이크   나한테 있어.

프레드   어디서 났어?

제이크   신성한 권리지.

프레드   제기랄.[3]
제이크   바로 그거야.

프레드   장난 그만해.

제이크   그렇지 않아. 그렇지 않아. 내가 태어났던 날 아버님이 조심스
럽게 그 문제를 생각하셨어.

프레드   아, 형의 아버님이? 형의 어머니와 잠자리를 함께 하셨던 그분?

제이크   그분은 그 문제를 완벽하게 비교평가하셨어. 그분은 찬성과 반
대를 따지셨어. 그리고 나서 즉각 회의를 소집했지. 가능한 모든 찬
성의견과 반대의견을 논하기 위해, 음, 당신의 소유지의 피신탁인
들의 회의를 소집했어. 아버지는 매우 철저한 분이셨어. 아버지는
항상 회의를 일정 시간에 소집하고 그리고 예산 내에서 운영하셨
어. 그리고 항상 불경, 탐욕 그리고 비역질을 경계하셨어.

---

3) 제기랄(Christ)이라고 프레드가 함. 'Christ'를 제이크는 그대로 받아들임.

프레드   그분은 진짜 비판세력이셨어?

제이크   아버지는 쾌락이나 영광을 위해 그 일을 하시지는 않으셨어. 그것은 정말 분명히 밝혀져야만 해. 박수갈채를 받지는 못하셨어. 물론 바라시지도 않으셨지만. 감사하다는 마음의 표시도 받지 못하셨어. 물론 바라시지도 않으셨구. 자위행위[4]를 해본 적도 없으셨어. 물론 하려고 하시지도 않으셨지만. 미안해— 내가 말하려고 했던 것은 어떤 누구도 아버지를 인정(approbation)하려 하지 않았다는 거야—.

프레드   어, 정말로 그렇지는 않았지?

제이크   아버지가 그런 걸 바라지도 않으셨어.

　　사이.

　　집중력이 떨어져 말 실수했어. 그 점에 대해 사과하고 싶어.

프레드   그런 일은 어느 누구에게나 일어날 수 있어.

　　사이.

제이크   아버지께서는 법칙을 엄격히 고집하셨어.

---

4) 인정(approbation)이라는 단어 대신 '자위행위'(masturbation)로 잘못 사용함.

프레드 어림 규칙으로 하는 것과 그렇게 차이나는 것은 아니야.

제이크 아니야, 차이가 나.

프레드 그런데 아무리 상상력의 나래를 편다 해도, 나는 믿어. 괴신학인들이 잡동사니 편견 없는 놈들이라고. 딱지 붙일 수 없다는 것을.

제이크 광대도 마구잡이라고도 할 수 없어. 어쨌든, 그들은 엄격하고 무자비하게 꼬치꼬치 따졌어. 그들은 한 세션에 한 번 반씩만 화장실에 갔지. 그들은 시간 기록 시계에 맞추어 배설했어.

프레드 제안한 것은 통과됐어?

제이크 통과됐어, 9대 4로, 조록스가 기권해서.

프레드 그 말만 들어선 멋진 풍경이 연상되지 않는데.

제이크 교구목사가 벌떡 일어났어. 인생의 최전성기에 있는 남자가 ― 유언보충서나 유보조항 없이 ― 자신의 개인 재산을 막 태어난 아들에게 그 아들이 태어난 바로 그날 물려주는 것은 정말 이례적인 일이라고, 정말 드물고 이례적인 일이라고 그가 말했어 ― 그 아기와 말을 할 기회를 가지기 전에, 아기가 알 수 없는 것에 대해 열망할 기회도 가지기 전에, 짝을 정할 기회도 가지기 전에, 아니면 동백꽃을 농락할 기회를 가지기 전에 아니면 깃털로 그의 궁둥이를 간지럽힐 기회를 가지기도 전에―

프레드　누구의 궁둥이를?

제이크　교구목사는 계속 말했어, 그것은 순전히 담대한 선견지명, 굽히지 않는 도덕적 확고부동, 엄격한 지적 비전, 고전적인 철학적 거리, 열렬한 종교적 열정, 심오한 감정적 강렬함, 매우 흥분된 정신적 진지함, 마술에 걸린 형이상학적 **뻔뻔스러움**을 위한 — 뛰어난 — 행위라고.

프레드　연화좌(蓮華坐)로 공중제비를 하는 것과 같이.

제이크　어떤 강한 욕심의 흔적은 없는, 반대로 양동이 한가득만큼의 광채를 내는 행위라고, 교구목사는 계속 말했어.

프레드　그래서 교구목사가 감동했다는 거야?

제이크　피신탁인들 중 감동하지 않은 사람은 유일하게 나의 아저씨인 루푸스뿐이었어.

프레드　자 형은 나한테 루푸스라는 이름을 가진 아저씨가 있었다고 말하고 있군. 바로 그 사실을 나에게 말하고 있는 거야?

제이크　루프스 아저씨는 감동하지 않았어.

프레드　어째서지? 대답을 내가 아냐고? 안다고 나는 생각해. 안다고 나는 생각해. 내가 아냐고?

사이.

제이크 난 네가 안다고 생각해.

프레드 나도 그렇게 생각해. 내가 안다고 생각해.

제이크 나도 그렇게 생각해.

사이.

프레드 대답은 형의 아버지가 크루거 대통령이 새겨져 있는 남아프리카 금화 몇 닢이 약간 부족했었다는 거지.

제이크 아버지는 꽤 폼나게 페세타 은화를 다 써버렸어.

프레드 바로 며칠 전에, 보그노르 레기스에 부두에서 많은 돈을 잃으셨어.

제이크 작은 물고기를 낚으려다.

프레드 그분의 도박생활은 오랫동안 사라진 지평선이었어.

제이크 은 양동이는 텅 비었지.

프레드 금 양동이처럼.

제이크 단 한 개의 에메랄드도 없이.

프레드 단 한 개의 보석도.

제이크 월가(街)에서 보석 하나 없이 ―

프레드 욕지거리를 하면서 은행으로.

제이크 그래 ― 그 사실은 꼭 말해야만 해. 그리고 앞으로 알려질 거야
― 우리 아버지가 그 오래 전에 콧쯔월즈[5]에서 정말 상쾌한 여름아
침에 피신탁인 회의에서 했던 연설은 협잡꾼 ― 아이 ― 사기꾼 ―
광대 ― 악한의 연설이었어.

프레드 아니면 성인(聖人)의.

마리아가 그들에게 온다. 제이크는 서 있다.

마리아 나를 기억하니? 나는 네 엄마의 가장 친한 친구였단다.
너희 둘 다 정말 많이 컸구나. 어린아이였을 때의 너희들을 나는 기
억한단다. 그리고 물론 브리지트도. 한번은 내가 너희 아버지와 함
께 너희들을 동물원에 데려갔었단다. 우리들은 차를 마셨지. 기억

---

5) 콧쯔월즈(Cotswolds): 라임스톤이 많은 곳으로 유명하고, 자연경관이 뛰어나며 주
변에 구경할 유적이 많은 곳.

하니? 네 어머니와 나는 차를 마시곤 했단다. 그 시절에 우리들은 정말 차를 많이 마셨어! 내 자식 셋은 모두 정말 활기가 넘친단다. 사라는 놀랄 정도로 잘하고 있고, 루시엥도 영사관에서 성공했고, 그리고 수잔나도 누구도 말릴 수 없게 잘한대. 그래 우리들 모두가 하곤 했었던 단어 게임을 기억하니? 우리들은 공원을 가로질러 걸어가고는 했었지. 거기서 랄프를 만났어. 그는 축구 경기 심판을 보고 있었어. 그가 심판을 봤어. 정말 모를 일이야. 그렇게 침착하게, 그렇게 자유자재로. 너희 엄마와 나는 매우 . . . 감동했어. 그는 항상 경기의 앞을 내다보았어. 공을 차기도 전에 공이 어디로 갈지를 알고 있었어. 삼투작용[6]. 바로 그거야. 내가 지금껏 부딪친 어떤 누구보다도 그에게는 삼투작용이 일어나. 물론 훨씬 더 그렇지. 대부분 사람들에게는 삼투작용이 조금도 일어나지 않지. 그러나 물론 그 시절에 — 그 사실을 부인하지 않아 — 나는 네 아버지를 굉장히 좋아했었단다. 그것을 부인하지 않을 거야. 그리고 너희 엄마도 그랬어 — 너희 아버지에게. 너희 아버지는 삼투작용이 일어나는 식으로 아무 것도 소유하지 않았지만 그렇다고 자신의 붉어진 얼굴을 감추지도 않았어. 내 말은 그분은 위선자가 아니었다는 거지. 그는 귀중한 시간을 낭비하지 않았어. 그리고 그는 춤을 정말 잘 췄어. 정말 잘 추고 말고. 정말 근사하게 왈츠를 출 수 있는 사람 중 하나였어. 그런 식의 기품과 우아함은 사라진 지 오래야. 단호함과 권위가 어울려 만나는 경우는 정말 드물지. 그리고 그분은 눈을 똑바로 쳐다보았어. 흔들림 없이. 그분은 마루를 가로질러 빙글빙글 돌았어. 보기 드문 재능이었지. 그 시절에 나는 젊었었어. 너희 어

---

6) 물질이 막을 통과하여 확산되는 현상. 두 용액 중 삼투작용에 의해 용매가 농도가 낮은 쪽으로 옮겨가듯이 공의 이동을 그렇게 파악한다는 뜻.

머니도 그랬지. 너희 어머니는 놀랄 정도로 젊었어. 그리고 매 순간 생기가 넘쳤지. 나는 — 말해야지 — 특히 마루를 가로질러 네 아버지가 네 엄마를 빙글빙글 돌리는 것을 보았을 때 — 마치 여기저기서 꽃봉우리가 터지는 것 같은 느낌을 받았었지. 나는 미칠지도 모른다고 생각했어.

앤디의 방.
앤디와 벨.

앤디 나에 대해서 당신에게 말할게. 평생 동안 바쁜 업무로 땀을 흘렸어. 그리고 누구도 내 업무에서 어떠한 결점을 발견했던 적이 없었어. 어떤 누구도 태만 또는 비행에 관한 건수를 찾지 못했어. 결코. 나는 다른 사람들에게 영감이었어. 여기저기서 젊은 남자와 여자들에게 영감을 줬지. 그들에게 영감을 줘서 최선을 다하게 만들어 쉴 새 없이 부려 먹었지. 여하튼 우리들 모두의 인생을 체계화하여 통제했던 조직, 우리들을 완벽하게 배려하게 했던 조직, 말하자면, 자신의 가슴에 우리들을 꼭 품었던 조직에 어느 경우라도 충실하게 만들었어. 나는 일등 공무원이었어. 나는 숭배의 대상이었고 존경을 받았어. 사랑 받았다고는 말하지 않겠어. 나는 사랑 받기를 원하지 않았어. 소금 같은 공무원은 누구도 사랑이란 걸 베풀 수 없는 속성을 가지고 있거든. 그것은 넘침이야. 이상생성물이야. 아니야 아니야. 내가 누구였는지 당신에게 말할게. 나는 정당함의 신전에 속한 선망의 대상이면서 공포를 주는 세력이었어.

벨 그런데 당신 사무실에서 한 번도 욕한 적이 없었지?

앤디 사무실에서 한 번도 음란한 말을 한 적이 없었어. 분명히 안 했어. 집에서만 음란한 말을 해. 그건 가정에 속하거든.

사이.

당신에게 뭔가 말하려 했는데 잊었어. 저번에 우연히 마리아와 오랜만에 만났어. 내가 병에 걸리기 전날이었어. 자두 푸딩을 대접하겠다고 나를 자기 플랫(연립주택)에 초대했어. 지금 허벅지를 드러낼 준비가 되어 있어 하고 내가 그녀에게 말했지.

벨 맞아, 당신은 그녀에 대한 왕성한 욕정을 항상 간직하고 있었어.

앤디 왕성한 욕정을? 당신 그렇게 생각해?

벨 그리고 그녀도 당신에게.

앤디 그 일이 푸른 캐리비안의 하얀 백사장을 따라서 소문난 적이 있었어? 나는 죽어가고 있어. 내가 죽어가고 있어?

벨 당신이 만약 죽어가고 있다면 죽겠지.

앤디 당신이 어떻게 알아?

벨 당신이 죽어가고 있다면 죽겠지.

앤디　때때로 미쳐 날뛰는 미치광이와 내가 결혼하지 않았나라고 생각해! 나는 항상 일에서 밝은 면을 볼 자세가 되어 있어. 당신은 내가 다시 봄을 맞이하리라고 생각해? 내가 또다시 봄을 맞이하게 될까? 꽃들로 된 장식품들을 보게 될까?

벨　정말 아름다운 언어구사야. 음, 당신은 결코 전에는 그런 식으로 언어를 사용한 적이 없어. 당신은 전에 한 번도 그런 말을 해본 적이 없어.

앤디　음 그래서? 딴것들을 말해 왔잖아, 그렇지 않았어? 다른 많은 것들을. 내 평생 동안. 평생 다른 많은 것들을 말해왔어.

벨　맞아, 평생 당신과 함께한 개인적으로, 그리고 사회적으로 애착을 가진 사람들에게 대부분 조잡하고, 거칠고, 말도 안 되는 미숙하고, 음탕하고, 그리고 난폭한 언어를 당신이 사용했다는 것은 정말이야. 대부분의 사람들은 당신과 함께 단 10분만 있어도 토하고 싶어지지. 그런데 누군가 말하곤 했어. 이 사악하게 보이는 정신 나간 외모 밑에 섬세하고 시적이기도 한 감수성이 존재하지 않았다고 말하려는 것은 아니야. 우리 조상들의 황금 같던 과거에, 황금시대에, 젊은 말의 감수성을.

　침묵.

앤디　어쨌든, 그걸 인정해. 당신은 항상 마리아에 대해 왕성한 욕정을 간직해 왔어. 그리고 그녀도 당신에 대해. 그런데 무언가를 분명히 할 필요가 있어. 난 질투한 적이 없다는 거지. 그때 난 질투하지 않았어. 지금도 질투하지 않아.

벨 당신이 왜 질투를 해야 하지? 그녀는 당신의 정부였는데. 우리 결혼 초의 좋았던 시절 내내.

앤디 그녀를 보면 꼭 당신 생각이 났었어.

사이.

과거는 안개야.

사이.

한때 . . . 나는 기억해 . . . 한때 . . . 어스름한 방을 가로질러 어떤 여인이 나에게 걸어왔던 것을.

사이.

벨 그게 나였어.

사이.

앤디 당신이라고?

세 번째 영역.

어스름한 불빛. 브리지트.

브리지트   우거진 정글 속으로 나는 천천히 걸어가고 있어. 하지만 숨이 막히지는 않아. 숨을 쉴 수 있어. 그것은 내가 나뭇잎들을 통해서 하늘을 볼 수 있기 때문이야.

사이.

나는 꽃들에 둘러싸여 있어. 무궁화, 서양협죽도, 부겐빌레아, 능소화 등, 발 아래 잔디가 부드러워.

사이.

여기로 오는 길에 나는 거칠고 살벌한 많은 풍경들을 스쳐 지나왔어. 가시, 돌, 찌르는 쐐기풀, 철조망, 도랑의 남자 그리고 여자의 해골바가지들. 거기서는 숨을 쉴 수가 없었어. 어떤 양보도 없었어. 위안도, 피난처도 없었어.

사이.

그러나 여기는 피신처가 있어. 나는 숨을 수 있어. 나는 숨겨져 있어. 꽃들이 나를 둘러싸고 있어. 하지만 그 꽃들이 나를 가두지는 않아. 나는 자유로워. 숨겨져 있지만 자유로워. 나는 더 이상 포로가 아니야. 나는 더 이상 길을 잃지 않아도 돼. 어떤 누구도 나를 찾을 수도 볼 수도 없어. 정글의 눈들만이 나를 볼 수 있어. 이파리들 속에 있는 눈들만이. 그러나 그것들은 나를 해치지 않을 거야.

사이.

타는 냄새가 나. 무거우면서 짙은 부드러운 냄새, 매우 깊은 곳에서 오는, 종처럼 울려퍼졌다가 다시 돌아오지.

사이.

세상에 어떤 누구도 나를 찾을 수 없어.

프레드의 침실.
프레드와 제이크, 식탁에 앉아 있다.

제이크 네 이름이 무엇이라고 했었지? 어디엔가 그것을 내가 적어 놓은 적이 있는데.

프레드 맥퍼슨.

제이크 그거 재미있다. 나는 곤잘레즈라고 생각했어. 네가 투팅 커먼에서 태어났어라고 하면 내가 맞게 말하는 걸까?

프레드 형의 간절한 부탁으로 나는 여기에 왔어. 형은 나와 상담하기를 원했어.

제이크 내가 그 정도까지?

프레드 내가 '너'라고 말할 때, 물론 형을 의미하지 않아. '그들'을 의미해.

제이크 켈러웨이를 말하는 거지.

프레드 켈러웨이? 나는 켈러웨이를 모르는데.

제이크 모른다고?

프레드 형 이름을 그들이 나에게 가르쳐 줬어.

제이크 그 이름이 뭐였는데?

프레드 손더즈.

제이크 바로 그거야.

프레드 그들은 켈러웨이란 이름은 꺼내지도 않았어.

제이크 네가 '그들'이라고 할 때 '그들'을 의미하는 건 아니라고 나는 생각해.

프레드 나는 심즈라는 사내를 말하는 거야.

제이크 짐 심즈?

프레드 아니.

제이크 글쎄, 짐 심즈가 아니라면 도대체 어떤 심즈에 대해 네가 말할 수 있는지 상상할 수 없어.

프레드 그것은 내가 알 바 아니지.

제이크 네가 맞기를 간절히 바래.

　　　제이크는 서류들을 검토한다.

　　　음 그런데, 매닝이 몇 분 후에 널 만나러 불쑥 나타날 거야.

프레드 매닝이?

제이크 음, 그냥 인사하러. 오래 머무를 수 없대. 그는 허더즈필드로 가는 중이거든.

프레드 매닝이?

제이크 허더즈필드, 맞아.

프레드 난 매닝이라는 이름을 가진 사람을 모르는데.

제이크 네가 모른다는 건 나도 알지. 그래서 너를 보기 위해 그가 불쑥 나타나는 거야.

프레드 자 이것 좀 봐. 나는 이 문제는 조금도 문제가 되지 않는다고 생각해. 먼저는 켈러웨이, 지금은 매닝이라. 나는 두 사내들을 한 번도 만난 적이 없을 뿐만 아니라 들어본 적 조차도 없어. 나는 이 문제를 내 가족들에게 도로 가져가야 할까봐, 걱정돼. 이 문제에 대해 더 브리핑을 받아야 되겠어.

제이크 음 정말 미안해 — 물론 — 너는 매닝을 다른 이름으로 틀림없이 알고 있을 거야.

프레드 어떤 이름인데?

제이크 롤링즈.

프레드 롤링즈는 알아.

제이크 내가 그를 매닝이라고 부를 자격이 없었어.

프레드 그가 내가 아는 롤링즈라면 없었겠지.

제이크 그는 네가 아는 롤링즈야.

프레드 그렇다면, 정말 분명한 것은 이 이름이 우리에게 즉각 켈러웨이를 상기시킨다는 거야. 켈러웨이의 다른 이름은 뭐지?

제이크 손더즈.

사이.

프레드 그런데 그것은 형 이름이잖아.

랄프가 제이크와 프레드 쪽으로 온다.

랄프 얘들아, 너희들이 어린아이들이었을 때, 축구경기를 정말 좋아했었니? 아마 아니겠지. 아마도 다른 것들을 생각했을 거야. 여자애들에게 입맞춤하기. 외국 문학. 스누커. 나는 인간유형을 구별해. 안색으로 구별할 수 있지. 발 자세로도 구별할 수 있어. 어떤 자세를 취하느냐에 따라 그가 외향적 성격인지 아닌지를 구별할 수 있어. 너희 아버지는 결코 타고난 운동선수라고 말할 수 없어. 단연코 그렇지는 않아. 그분은 사색가셔. 분명한 건 나는 그 문제로 다투지는 않을 거라는 거지. 하지만, 그렇게 지나치게 생각하기의 문제, 또는 소위 생각하기라는 것의 문제는, 마치 열쇠구멍에다 애니 로리가 방귀 뀌는 것과 같다는 거지. 너희 시간, 그리고 내 시간의 낭비지. 이런 식의 생각하기가 무엇을 하는 체한다고 생각하니? 어? 이것은 사태들을 분명히 파악하려는 척하지, 너도 알다시피 그것은 사태들을 명확하게 파악하는 척해. 그런데 정말로 그것이 무엇을 하는 거지? 어? 너는 어떻게 생각하니? 내가 너희들에게 말할게. 그것은 너희들을 혼란시키고, 눈을 멀게 해, 그것은 마음을 빠르게 회전시

켜 너희들을 어지럽게 만들지, 그것은 너희들을 너무 어지럽게 해서 그날을 마감할 때쯤에는 너희가 엉덩이로 앉아 있는지 팔꿈치로 앉아 있는지를 모르게 만들어, 너희들은 오는지 가는지도 몰라. 나는 항상 상당히 정력적인 사나이였어. 나는 바다를 항해한 경험이 있어. 작은 범선의 선장이었어. 갑판장의 이름은 립퍼였지. 그런데 몇 년 동안 항해를 한 후 나는 예술에 힘을 쏟으려 했어. 뭐가 되고 싶었냐 하면 아마추어 심판이야. 그런데 잘 되지 않았어. 그런데 나는 연기에 타고난 재주가 있었어. 그리고 피아노도 쳤고 그림도 그릴 수 있었어. 그러나 나는 건축설계사가 되었어야 했어. 그러면 돈이 벌리거든. 나에게 시와 예술을 일깨워 주셨던 분은 너희들의 어머니와 아버지였단다. 그분들은 내 삶을 변화시켰어. 그리고 나서 물론 내 마누라와 결혼했어. 좋은 여자지만 요구가 지나쳤어. 그녀는 근성과 배짱을 가진 사람을 찾고 있었어. 그녀의 눈은 검어서 섬뜩했어. 나는 그녀의 발 밑에 완전히 복종했어. 그때는 모든 것이 순조로웠어. 사랑, 축구, 예술, 때때로 맥주 한 파인트. 잘 들어, 나는 과일 백포도주를 좋아했지만 그 당시에는 그것을 솔직하게 말할 수 없었어.

세 번째 영역.
제이크(18), 프레드(17), 브리지트(14).
브리지트와 프레드는 바닥에 앉아 있다. 제이크는 서 있다.
카세트가 돌아가고 있다.

프레드 나는 왜 갈 수 없다는 거야?

제이크 내가 말했잖아. 차에 자리가 없다고.

브리지트 제발 작은오빠를 데리고 가.

제이크 차에 자리가 없어. 그것은 내 차가 아니거든. 나는 단지 탑승객일 뿐이야. 운이 좋아서 차를 얻어타는 거야.

프레드 하지만 내가 형과 함께 갈 수 없다면 나는 밤새 뭘 해? 브리지트와 함께 여기에 있어야만 하잖아.

브리지트 오 맙소사, 나는 오빠가 작은오빠를 데리고 갔으면 해. 그렇지 않으면 작은오빠와 여기에 같이 있어야만 하잖아.

제이크 그런데, 너희들은 가족이잖아.

프레드 그게 문제야.

브리지트 (프레드에게) 작은오빠도 오빠와 가족이야.

프레드 그래, 하지만 내가 일단 이 재즈 연주회에 도착만 하면 그에게서 벗어날 거야. 우리들은 서로 다시는 못 보게 될 거야. 그는 단지 교통 수단일 뿐이야. 감정 아니면 가족간의 의무 따위는 이 일과 아무 상관도 없어.

브리지트 잘됐네, 그러면 오빠와 함께 가.

제이크 내가 너한테 말했잖아, 탈 수 없다고. 차에 전혀 자리가 없다니까. 이건 내 차가 아니야! 나는 차를 가져본 적이 없어.

프레드 바로 그래서 온통 문제가 되는 거지. 형이 차를 가지고 있다면 이런 일은 벌어지지 않을 텐데.

브리지트 자, 나는 작은오빠가 여기 머무는 것을 원하지 않아, 그것만은 분명해. 사실 나는 혼자 있고 싶거든.

프레드 그레타 가르보! 너 어른이 되면 영화배우가 될 거니?

브리지트 제발 입 닥쳐. 오빠는 내가 무엇이 될지를 알고 있잖아.

프레드 뭔데?

브리지트 물리치료사.

제이크 쟤는 훌륭한 물리치료사가 될 거야.

프레드 정말로 마음에 안정을 가져다주는 음악을 연주해서 환자들이 자신의 고통을 알아채지 못하게 할 거야.

브리지트 언젠가 내가 작은 오빠의 목을 치료했을 때 아프다고 투덜대지 않았어.

프레드 그건 사실이야.

브리지트 오빠가 경련이 일어났을 때 내가 그것을 풀어줬어.

프레드 그건 사실이야.

브리지트 그때 오빠는 아프다고 투덜대지 않았어.

프레드 나는 지금 불평하는 게 아니야. 나는 네가 멋지다고 생각해. 네가 멋진 것을 나는 알아. 그리고 네가 멋진 물리치료사가 되리라는 것도 알아. 그런데 나는 아직도 아머샘에서 열리는 재즈 연주회에 가고 싶다는 거지. 그렇다고 네가 멋지다고 생각하지 않는다고 말하려는 건 아니야.

브리지트 제발 아머샘에 가! 오빠는 내가 함께 있을 누군가를 필요로 한다고 생각하지 않잖아, 그렇지? 나는 어린아이가 아니야. 어쨌든, 나는 이 책을 읽고 있어.

제이크 넌 혼자 있고 싶어하지 않잖아.

브리지트 난 정말 혼자 있고 싶어. 나는 이 책을 읽고 싶어.

프레드 나는 책조차 가지고 있지 않아. 내 말 뜻은— 책을 가지고 있지 — 그런데 절대로 읽을 수 없다는 거지.

제이크 그러면 나는 아머샘으로 떠난다.

프레드 나는 어떻게 해?

브리지트 아머샘에 그를 데리고 가든 말든 제발 입 좀 닥쳐! 오빠 둘
　　　　다!

　　사이.

제이크 그러면 나는 아머샘으로 출발한다.

　　그는 간다. 브리지트와 프레드는 가만히 앉아 있다. 음악이 연주된다.

　　앤디의 방.
　　앤디와 벨.

벨 오늘 당신에게 버섯 오믈렛과 야채 샐러드 조금 — 그리고 사과 한
　　개를 줄 거야.

앤디 당신은 정말 친절해. 당신이 없으면 나는 어찌할 바를 모를 거야.
　　정말이야. 당신이 없으면 나는 허위적댈 거야. 산산이 부서질 거야.
　　그래, 지금도 무너져 가고 있어 — 더군다나 당신이 없다면 전혀 가
　　망이 없을 거야.

벨 당신이 나쁜 남자는 아니야. 입심 좋은 사람이라고 부르곤 했었는

데 당신은 바로 그런 사람이야. 당신은 어쩔 수 없어. 그게 당신의 본성이거든. 살면서 좀더 오랜 시간 입만 다물고 있어도 당신은 참을만 할 텐데.

앤디 당신의 손에 입맞추게 해줘. 나는 당신에게 모든 것을 빚지고 있어.

그는 그녀가 수놓는 것을 쳐다본다.

어, 당신에게 물어 볼 것이 있어, 거기서 무엇을 만들고 있는 거지? 수의(壽依)야? 내가 죽으면 그것으로 나를 싸려는 거야? 당신은 서둘러야겠어. 나는 빨리 갈 거니까.

사이.

애들은 어디 있지?

사이.

두 아들들 말이야. 오지도 않고. 무심해. 자기 아버지가 죽어가는데.

벨 착한 아들들이었어. 애들이 설거지를 어떻게 도와주곤 했었는지 나는 항상 생각해. 식탁 치우기, 설거지, 그릇 말리기 등. 당신도 기억해?

앤디 땅거미가 질 때에 도와주던 거? 부드러운 빛이 부엌 창문을 통해 들어오고 있었을 때 그랬던 거? 모퉁이 팝에서 저녁기도를 위한 벨이 울리고 있을 때 그랬던 거?

사이.

나쁜 놈들이었어. 둘 다 전부. 언제나. 내가 제이크에게 청소창고를 깨끗이 치우라고 부탁했던 그때를 당신은 기억해? 그래 — 내가 그놈한테 말했어 — 그것은 사실이야 — 그놈한테 부탁하지 않았어 — 그곳이 끔찍하게 더럽다고, 그런데 일주일 내내 새끼손가락 하나도 까딱한 적이 없었다고 말했어. 다른 한 놈도 손가락 하나 까딱 안 했지. 게으르고 쓸모없는 부랑자들. 어쨌든 내가 한 일이라곤 아이들에게 부탁하는 것이 다였어 — 매우 공손히 — 제기랄 청소창고를 깨끗이 청소하라는데. 그놈이 반항하다니! 당신은 그놈이 나를 어떻게 쳐다봤었는지 기억해? 그놈의 반항적 태도를!

사이.

그리고 지금 애들을 좀 봐! 그들의 지금 모습을! 기식하는 기생충 같은 한 쌍의 기둥서방들 같으니라구. 나라의 젖꼭지나 빨아 먹고 있어. 나라의 젖꼭지나 빨아 먹다니! 그리고 내가 장담하건대, 당신은 얼마 안 되는 저금통에서 매주 몇 루피씩 빼서 아이들에게 대주고 있어. 그렇지 않아? 그놈들은 자신들의 사랑스런 어머니를 항상 좋아했으니까. 그놈들은 설거지로 어머니를 도왔지!

사이.

다리를 스트레칭해야겠다. 비가 오든 해가 나든, 공원에 가서 축구
경기를 봤지. 그 옛 친구 이름이 뭐였더라? 매주마다 아마추어 경기
심판을 보곤 했는데? 공원에서였나? 매력적인 친구였지. 그놈들은
그를 똥같이 취급했어. 조롱감이었지. 그가 어떤 결정을 내려도 인
정받거나 존경받은 적이 없었어. 그놈들이 그에게 고함을 쳐댔어.
그에게 소리를 질러댔어. 아이들은 그를 정말 병신이라고 불렀어.
나는 겁에 질려 터치라인에서 바라보곤 했었지. 그의 힘있는 호루
라기 소리를 나는 언제든 기억할 거야. 축축하고 황량한 그 소리는
오랜 세월이 지난 지금까지도 나에게 들려와. 그의 이름이 뭐였더
라? 그리고 지금 나는 죽어가고 있어. 그러니까 그는 아마도 죽었을
거야.

벨 그는 안 죽었어.
앤디 어째서지?

사이.

그의 이름이 뭐였더라?

벨 랄프.

앤디 랄프? 랄프? 그럴 수 있을까?

사이.

글쎄, 이름은 랄프였지만 남자들 중 가장 감수성이 강하고 똑똑했어. 가장 오랜 내 친구. 그가 어떤가 하면, 병적으로 특이해. 앉아 있을 때는 충분히 믿음직했어. 하지만 서 있을 때는 그가 무슨 짓을 할지 정말 몰랐어. 그가 움직이고 있었을 때, 그와 길거리를 걸어가고 있을 때는 말이야. 그는 말이 없는 사내였어, 당신도 알잖아. 그는 거의 말을 안 했어. 하지만 그는 항상 생각을 하고 있었어. 그런데 문제는 — 자신의 걸음걸이 속도와 생각하는 속도의 보조를 맞추려 했다는 거지. 그가 느리게 생각을 하고 있으면 그는 마치 진창을 건너는 것처럼. 아니면 살구잼 항아리에서 기어나오는 것처럼 걷곤 했어. 그가 생각을 신속하게 하고 있으면 미끄러지듯이 가볍게 걸었어. 그와 보조를 맞출 수 없었어. 그가 순식간에 지평선 너머로 가버리면 당신은 술에 취해 고꾸라져 있었지. 누구든 간에 그의 섹스 파트너에 대해 나는 상당한 연민의 감정을 가졌었어. 내가 말하려는 것은 — 그가 광포해지기 시작하면 — 일 초에 천 번까지 회전하다가 — 그 다음에 상상할 수 없이 섬뜩하고 치명적으로 끼익 소리를 내면서 그는 멈추곤 했지. 그는 수동 브레이크였어. 불쌍한 여자. 둘이 균형을 잡을 수 있는 좀더 쉬운 방법이 분명히 있을 거야.

사이.

어쨌든, 당신이 개의치 않는다면, 몇 분 동안 그의 이야기는 잠시 제쳐놓읍시다. 마리아는 어디 있지? 왜 그녀는 여기에 있지 않는 거야? 그녀가 여기 없으면 나는 죽을 수 없는데.

벨 무슨 소리, 당신은 물론 죽을 수 있어. 그리고 죽을 거야.

앤디 하지만 우리들의 과거를 생각해 봐. 우리들 모두 정말 가까웠어. 내가 그녀 때문에 당신을 배반했었던 몇 달을 생각해 봐. 어떻게 그 녀를 잊을 수 있겠어? 그것은 정말 경이로웠어. 당신의 여자 친구 때문에 내가 당신을 배반했고, 당신의 남편 때문에 그녀는 당신을 배반했어, 그리고 당신 때문에 그녀는 자신의 남편과 그리고 나를 배반했어! 눈에 보이는 기록이라는 기록은 전부 깼지! 그녀는 굉장히 천재적인 바람둥이였어.

벨 그녀는 정말 홀딱 반할 정도로 매력적인 여자였어.

앤디 그런데 왜 그녀는 여기에 있지 않은 거야? 그녀는 나를 사랑했어, 당신은 말할 것도 없고. 그녀는 슬픔에 잠긴 당신을 위로해야 하는 데 어째서 여기에 없는 거야?

벨 그녀는 아마도 당신이 죽어가고 있다는 것을 잊어버렸을 거야. 그 녀가 한 번이라도 기억한 적이 있다면.
앤디 뭐! 뭐라고!

사이.

어쨌든, 우리 침실에서, 우리들 침대에서, 한 번 아니면 두 번, 그녀는 내 것이었어. 그때 나는 남자였지.

사이.

아마 당신도, 물론, 같은 장소에서 그녀를 당신 것으로 만들었지. 우리 침실에서, 우리 침대에서.

벨 나는 사람들을 '소유하지' 않아.

앤디 당신은 나를 소유해 왔잖아.

벨 아 당신. 물론이지. 나는 아직 당신을 소유할 수 있어.

앤디 무슨 뜻이야? 나를 협박하고 있는 거야? 당신은 지금 무슨 생각을 하고 있는 거야? 강간? 당신은 지금 여기서 나를 갖겠다고 얘기하고 있는 거야? 더 이상 애쓸 필요도 없다구? 내가 임종 때가 다되었다는 것을 당신에게 상기시킨다면 그건 규칙위반일까? 그것이 예의가 없는 것일까? 당신의 계획이 뭐야, 사마귀처럼 나를 현장에서 죽이려는 거야? 시신은 성행위 때 나오는 점액질을 제기랄, 얼마나 오래 지니고 있는 거지? 사실 나는 근본적으로 순진해. 나는 여자를 거의 몰라. 그런데 나는 무서운 이야기들을 들은 적이 있어. 주로 나의 옛 친구인 심판으로부터 들었지. 하지만 어떻든 그것들은 현실과 아무 관계없는, 아마도 모두 환상이고 꾸며낸 것일 거야.

벨 어, 당신은 그렇게 생각해? 당신은 정말로 그렇게 생각해?

프레드의 방.

프레드와 제이크, 탁자에 앉아 있다.

제이크 회의는 6시 30분에 하기로 되어 있어. 의장직에 벨라미. 프랫,
호크아이, 벨처 그리고 로쉬, 호스폴이 참석할 거야. 실비오 도랑주
리 중령이 정확하게 7시 15분에 비공식으로 연설할 거야.

프레드 그런데 호스폴은 참석할 예정이야?

제이크 물론, 호스폴은 언제든지 총괄 책임을 맡고 있어. 그것과 별도
로 자리 배치는 내가 하고 있지.

프레드 형이 하는 일이 뭔데, 정규 비서?

제이크 맞아. 바로 그거야.

프레드 재미있는 호크아이와 로쉬는 같은 식탁에 앉지. 빅스비에 대해
형이 언급했어?

제이크 저, 블룸리에서 호크아이와 로쉬가 다퉜어? 아니, 빅스비에 대
해 언급하지 않았어.

프레드 그들이 이스트번에서 서로 단도를 뽑아들었대.

제이크 뭐라고, 벅민스터가 세력을 잡고 있을 때?

프레드 벅민스터라고? 나는 한 번도 벅민스터에 대해 언급한 적이 없어.

제이크 네가 빅스비에 대해 언급했어.

프레드 형이 빅스비가 벅민스터와 어떤 관계가 있다고 나한테 말하려는 것은 아니었잖아? 아니면 벅민스터와 빅스비가 —?

제이크 나는 그런 식의 말은 안 했어. 벅민스터와 빅스비는 완전히 다른 두 사람이거든.

프레드 확고하게 확신을 가지고 나도 그렇게 생각했어.

제이크 그래, 정말 황송하군, 같은 의견이니.

프레드 우리들이 서로 몹시 다르다고 생각해 본 적은 없어.

제이크 넌 무엇이 제일 문제라고 생각하니?

프레드 됐어. 벨처에 대해 더 말해줘.

제이크 벨처? 벨처가 누군데? 어, 벨처! 미안해. 나는 잠시 네가 벨처와 벨라미를 혼동하고 있다고 생각했어. B자 때문이야. 내 말을 이해해?

프레드 여보게, 그런 식의 혼동은 전적으로 자네 때문이야.

제이크 어째 좀 퉁명스러운데, 그렇지 않아? 너는 항상 그렇게 퉁명스
럽니? 마침내 나는 여기서 안정된 일을 구했어, 그 일은 말로 설명
할 수 없어.

프레드 아들아 잘 들어. 나는 정말 중요한 일련의 극비(極秘) 회의에
참석하기 위해 여기까지 먼 길을 왔단다. 정말 먼 길을 왔어. 정말
그 망할 요새에 배치된 사람들이 내가 떠나올 때 자신들의 중대한
걱정거리들을 나에게 털어 놓았어. 그런데도 고집을 꺾지 않고 여
기에 왔단다. 벨라미를 보고 싶어서, 벨처를 보고 싶어서, 로쉬를
봐야 해. 프랫은 얼간이[7]이지만 호크아이는 정말 중요해. 이 일 중
어떤 것이라도 실패한다면 너는 그걸 후회할 거야.

제이크 나처럼 중령 실비오 도랑주리가 아버지를 무례하다고 생각하
지 않기를 바랄 뿐이에요. 그는 믿을 수 없을 정도로 난폭한 사람이
거든요.

프레드 나는 실비오를 알아.

제이크 그를 안다고요? 무슨 뜻이지요?

---

7) Pratt은 사람 이름, pratt은 ‘얼간이’ 라는 뜻을 가진 명사. 발음은 똑같으나 의미가
다름. 프레드가 Pratt과 pratt을 가지고 말장난을 함.

프레드 우리는 토키에서 함께 있었어.

제이크 네. 그렇군요.

사이.

호스폴은 어때요?

프레드 호스폴은 네 부류야.

앤디의 방.
앤디와 벨.

앤디 그녀는 어디 있지? 세상에 누구보다도 지금 나와 함께 있고 싶어
할 거야. 왜냐하면 내가 아는 그녀는 모든 것을 기억하고 있으니까,
어떻게 내가 꼭 껴안았고 노래를 불렀고, 어떻게 그녀가 악몽을
꾸지 않게 했는지, 내 품에서 그녀가 어떻게 잠이 들었는지를.

벨 제발. 아이구 제발.

사이.

앤디 나를 보게 하려고 내 손자들을 그녀가 데리고 올까? 그녀가 그럴
까? 마지막으로 나를 보게 하기 위해, 나의 축복을 받게 하기 위해
그럴까?

벨은 부동자세로 앉아 있다.

불쌍한 어린 새끼들, 그렇게 파란, 그렇게 까만 눈들을 그렇게 크게 뜬 불쌍한 꼬마들, 꼬마 중에 꼬마들, 불쌍하고 쬐끄만 꼬마 중에 꼬마들, 재능이 절정에 달해, 정신적 풍취의 새로운 세계를 할아버지가 막 만나려 할 때, 영원히 넓어지고 영원히 길어지는 새로운 지평선으로 문이 막 할아버지에게 열리려 할 때, 그러한 할아버지를 잃다니.

벨 그런데 여보, 죽음이 당신의 새로운 지평선이 될 거야.

앤디 뭐라고?

벨 죽음이 당신의 새로운 지평선이라구.

앤디 그럴지도 모르지. 그럴지도 몰라. 하지만 정말 문제는 이거야, 내가 죽을 때 그것을 건너느냐 아니면 죽은 후에 건너느냐? 어쩌면 나는 전혀 그것을 건널 수 없을지도 몰라. 어쩌면 지평선 한 중간에서 꼼짝 못한 채로 머물러 있을지도 몰라. 어떻게 해야 그것 너머를 볼 수 있을까? 저쪽을 볼 수 있을까? 아니면 지평선이란 끝이 없을까? 그리고 기후는 어떨까? 소나기가 뿌리면서 불안정할까 아니면 안개가 끼면서 해가 날까? 아니면 구름 한 점 없이 내내 달이 비출까? 또는 언제까지나 칠흑같이 까말까? 당신은 제기랄 아무 생각도 없다고 말할지도 몰라. 그리고 당신이 옳을 거야. 그런데 개인적으로 나는 영원히 칠흑같이 까마리라고는 생각지 않아. 영원히 칠흑같이 까맣다면, 첫째 무엇 때문에 이 모든 기력을 빠지게 하는 셔레이드 게임들을 해야 할까? 도망갈 길이 있음에 틀림없어. 유일하게 문제가 되는 것은 내가 그것을 찾을 수 없다는 거야. 그것을 내가 찾을 수만 있다면 그 길로 살금살금 가서 돌아오는 나 자신을 만날 텐데. 당신이 거울 속에서 발견하는 낯선 사람을 보고 공포에 질려 소리를 지르듯이.

사이.

그런데 손자들이 여기에 도착하기 전에 이 지평선을 건너면 어쩌지? 아이들은 내가 어디 있는지 모를 거야. 아이들이 뭐라고 말할까? 당신이 언젠가 나에게 말해 줄까? 그들이 말한 것을 당신이 언젠가 나에게 말할까? 손자들은 울 수도 있고 울지 않을 수도 있어. 눈물을 흘리기에 너무 슬픔이 크니까, 그런데 걔네들은 아기에 불과하잖아. 아이들이 죽음에 대해 무엇을 알겠어?

벨 천만에, 정말 어린아이들은 죽음에 대해 뭔가 알아, 아이들이 우리들보다 죽음에 대해 더 많이 알아. 우리는 죽음을 잊어버린 적이 있지만 아이들은 잊어버린 적이 없어. 아이들은 죽음을 기억해. 왜냐하면 아이들 중에 몇몇, 정말 어린아이들은 자신들의 생명이 시작하기 전의 순간을 기억해 — 그것은 아이들에게 그렇게 오래 전의 일이 아니거든, 맞아 — 그리고 그들의 생명이 시작되기 전 그 순간에 그들은 물론 죽어 있었어.

사이.

앤디 정말?

벨 물론.

전체 무대가 어스름하다.
정적. 전화가 프레드 방에서 울린다. 여섯 번 울린다. 딸깍하는 소리.
침묵.
암전.

세 번째 영역.
희미한 조명. 앤디는 어둠 속에서 서성거린다.
그는 엄지발가락을 부딪힌다.

앤디 제기랄!

그는 방안의 후미진 곳으로 걸어간다.

왜 안 된다는 거야? 담배도 못 피우고, 사랑도 못하고. 젠장. 어쨌든
술 한잔 마실 거야. 젠장, 빌어먹을.

병 따는 소리. 따른다. 그는 마시고, 한숨을 쉰다.

아, 맙소사. 그럴 수밖에 없어. 의무일 뿐이야. 젠장.

그는 다시 따르고, 마신다.

달빛이 더 환해지면서 배경에 가만히 서 있는, 브리지트가 보인다.

앤디는 빛 속으로 들어가 귀를 기울이면서, 가만히 서 있다.

침묵.

아 내 사랑. 아 내 사랑.

벨이 나타난다. 그녀는 달빛 속으로 걸어간다.

앤디와 벨은 서로 쳐다본다. 그들은 서로 돌아서 가버린다.

그들은 가만히 서서, 귀를 기울인다. 브리지트는 배경에,

가만히 서 있다.

침묵.

빛들이 앤디와 벨에게서 사라진다.

브리지트는, 달빛에 서 있다.

빛이 사라진다.

프레드의 방.

제이크와 프레드. 프레드는 누워 있다.

제이크 요즘 물은 얼마나 쓰지?

프레드 난 그 문제는 완전히 포기했어.

제이크 정말?

프레드　물론이지. 나는 순수 그리고 절제의 길을 피하고 현대에 맞게 종교를 해석하기로 했어. 지금부터 나를 위한 미셸른 가이드와 오리엔트 고속 열차 ― 그런 종류의 것으로.

제이크　나는 한때 라일리[8]처럼 걱정없이 살았어.

프레드　라일리는 어떻게 생겼는데?

제이크　개인적으로 그를 만난 적은 없었어. 하지만 그가 함께 달아났던 여자와 난 정말정말 가까운 친구가 됐어.

프레드　내가 장담하건대. 그 여자가 형에게 세상물정을 가르쳐 주었어.

제이크　그 여자는 선생님 밑에서 자신이 배우지 않았던 것은 어떤 것도 나한테 가르치지 않았어.

프레드　라일리가 다른 이름으로 아라비아의 촌장을 지낸 적이 없었어?

제이크　바로 그분이셔. 그분의 어머님은 전례없이 훌륭한 배꼽춤 댄서들 중 하나였었고, 그분의 아버님은 마을의 존경받는 장로들 중에서도 최고셨어.

---

8) 라일리의 삶(the life of Riley)은 걱정없고, 스트레스 없는 매우 풍요롭다는 의미이다. 프레드는 라일리(Riley)를 문자 그대로 받아들여 "라일리는 어떻게 생겼는데?" 와 같은 질문을 한다.

프레드 놀라운 가족이군.

제이크 또한 자랑스러운 가족이지.

프레드 조심스럽고.

제이크 세심하고.

프레드 성미 까다롭고.

제이크 불끈거리고.

프레드 복수심에 불타지.

제이크 아주 솔직하게 말하면, 정말 사납지.

프레드 형을 보자마자 불알을 차버릴 거야.

제이크 그런데 그들을 그런 사내들로 만든 것이 무엇인지 넌 알지?

프레드 무언데?

제이크 그들은 물을 마셨어. 다른 것이 섞이지 않은, 차가운 거품이 이
는 산에서 나는 물을.

프레드 그리고 그게 그들을 사나이로 만들었어?

제이크 그리고 신들로.

프레드 그러면 나도 좀 마셔야지. 나는 항상 신이 되고 싶었어.

제이크 (따르면서) 다 마셔.

프레드 음. 형에게 정말 개인적 질문을 해도 될까? 형은 내 담력이 떨어져 간다고 생각해? 형은 내 담력이 형편없다고 생각해?

제이크 그것말고 다른 의견이 있을 거야.

프레드 아직 내 물음에 답한 적도 없으면서.

제이크 상관없어. 상관없어. 의견이 다르다는 게 항상 중요해, 어떤 바보도 그건 알지. 그런데 또다른 제안이 떠올랐어.

프레드 뭔데?

제이크 동네 주위를 걷는 것 어때?

프레드 아우 싫어. 나는 침대에 있는 것이 훨씬 행복해. 침대에 누워 있는 게 나에게 딱 맞아. 자리에서 일어나 외출을 하면 모르는 사람을 만나게 되지. 그런 따위의 일은 내 기분을 망칠 거야. 침대에 누워 있는 게 정말 훨씬 좋아.

사이.

브리지트는 이해할 거야. 나는 그녀의 오빠였거든. 그녀는 나를 이해했어. 그녀는 항상 나의 감정을 이해했어.

제이크 걔는 나도 이해했었지.

사이.

걔는 나도 또한 이해했어.

침묵.

프레드 들어봐. 균형이 갈가리 깨지는 기묘한 감정을 나는 느꼈어.

제이크 어, 정말? 너도 알겠지만, 글쎄 그들이 그런 것들을 이제 과학적으로 증명할 수 있대. 그것을 네가 기억하기를 바란다.

프레드 정말?

제이크 물론 그래. 그들은 지금 광도계와 같은 것들을 가지고 있대.

프레드 광도계를?

제이크 그렇대. 그들은 아무리 칠흑같이 어두워도 빛의 성질을 센티미터 몇 분의 1까지 시험할 수 있대.

프레드 그들은 아무리 어두워도 빛이 조금이라도 남아 있기만 하면 찾을 수 있어?

제이크 그래, 찾을 수 있어. 그들은 빛의 위치를 알아낼 수 있어. 그런 후 그들은 그것을 작은 상자에 넣지. 그것을 포장하고 그 주위를 리본으로 묶지, 그러면 너는 비과세로 처리되지, 그렇게 네가 오랫동안 정말 설득력 있게 보여왔던 다른 사람들을 위한 노고, 믿음, 그리고 모든 관심과 배려에 대한 보상으로.

프레드 그러면 그게 터널 끝에서 나한테 빛이 돼줄까?

제이크 그것은 너에게 횃불, 그리고 불꽃이 돼줄 거야. 그것은 영원히 너 자신만의 빛으로 쓰이게 될 거야.

프레드 환상적이군.

제이크 바로 이런 것이 우리들이 너한테 해줄 수 있는 거지.

프레드 누가?

제이크 협회가.

사이.

프레드　자. 형이 먼저 번에 한 말들을 다시 이야기했으면 해 — 형이 상관하지 않는다면 — 아버지에 대해 — 그리고 형의 유산에 대해 — 유산문제는 아마도 의도했던 대로가 아니었을지도 몰라, 이렇게 말할까, 정확하게 고질적인 소문대로 진짜 금도금으로 된 유언장은 아니었다고. 그런데 유산은 — 사실 — 우리들이 가지고 있는 정보에 의하면 — 환상 중에서도 저 밑바닥에 속하지.

제이크　좋아, 하지만 잠깐 기다려! 아버지에 대해 정확하게 무엇이 이야기되고 있는 거지? 무엇이 이야기되고 있나구? 뭘 이야기하려는 거냐고? 명백하게 아닌 것은 패배자에 대한 상세한 이야기도 죽은 자에 대한 애도도 아니야, 그렇지? 그래, 그래, 그게 뭔지 너한테 말할게. 그건 약하고 불안정한 사람에 대한 잔학하게 편향된 불법적 공격이야. 내 말을 알아듣겠어? 그래서 뭘 이야기하려는 거야? 나는 물어볼 자격이 있어. 뭐가 이야기되고 있지? 여기서 뭐가 이야기되고 있는 거냐고? 여기서 이야기되고 있는 것이 뭐냐구 — 아니면 저기서 — 그 문제에 관해? 나는 이 문제를 묻고 있는 거야. 궁극적으로 무엇이 이야기되고 있는 거지?

사이.

아버지는 일생 동안 미움을 받고 질책을 받으셨어. 아득한 옛날부터 오늘날까지 어렴풋하게 남아 있었던 사악한 힘, 규정지어지는 것도 분류되는 것도 거부하는 어떤 힘에 의해 추적당하고 박해당

해 왔어. 그 힘이 뭐지, 그것의 성향은 무엇이냐고? 내가 아니라 네가 그 질문에 대답해야 해. 너는 마지막 경주를 하기 전 당연하게, 틀림없이 너에게 찾아올 고요함과 편안함 속에서, 내가 아니라 네가 그 질문에 대답해야 해. 틀림없이, 나는 단지 이렇게만 말할 거야. 구토가 날 정도로 순진한 구경꾼이었던 한 사람을 네가 경멸의 대상으로 삼았다는게 — 이 부분에 대해 네가 이해하기를 바래 — 내 주장이야. 그분은 세 살 때 이미 한계에 부딪혔어. 그분의 인생에서 가장 좋고 가장 귀중한 모든 것을 사랑하는 아들에게 유산으로 남기고 싶어했던 것은 당연. 그분은 나를 사랑하셨어. 그리고 언젠가는 나도 그분을 사랑하게 될 거야. 그 사랑의 대가를 완전히 갚기 위해서 나는 그분을 사랑하게 될 거고 행복하게 될 거야.

프레드　죽음으로 그 대가를 치뤄야지.

제이크　죽음의 대가, 맞아.

프레드　그것보다 더 큰 대가는 없어.

제이크　무엇보다?

프레드　그것보다.

　사이.

　죽음 —

제이크 그것은 사랑의 대가지.

프레드 정말 굉장한 대가네.

제이크 굉장할 뿐 아니라 치명적인 대가지.

프레드 하지만 완전히 신의 의지와 일치해.

제이크 그리고 자연의 법칙들과.

프레드 그리고 공원 아니면 정원 점성학적 논리와.

제이크 그것이 첫째 공리지.

프레드 그리고 마지막.

제이크 그것은 반복적이며 모순적일 수 있어.

프레드 하지만 그럼에도 불구하고 그 공리가 철저한 철학적 명제를 구성하지. 마지막 심판 때 그런 식이 될 거야.

제이크 그러리라고 믿어. 그래, 그게 실상이라고 생각해. 그리고 뒤에 남았던 모든 사람들을 위해, 첫 번째 장애물과 뒤따르는 모든 장애물에서 넘어졌던 그러한 모든 사람들을 위하여 건배하고 싶어.

그들은 건배를 한다.

프레드 건배.

제이크 건배.

그들은 마신다.

프레드 솔직하게 말할게. 나는 형 아버지를 알았어.

제이크 맞아, 너는 정말 그랬어.
프레드 그와 가까웠어.

제이크 정말 그랬어.

프레드 아마도 형이 가까웠던 것보다 더 가까웠을 거야.

제이크 그렇게 말할 수도 있겠지. 너는 정말로 그분이 가장 사랑하는
막내아들이었어.

프레드 바로 그거야. 그래서 솔직하게 털어 놓을게. 그분은 사내였어,
모든 면에서, 그러한 사내를 다시는 못 볼 거야.

프레드 정말 감동적이네.

사이.

프레드 어떤 사람들은 그분이 정신적으로 응큼하고, 정치적으로는 썩었고, 도덕적으로 음란하고, 지적으로는 비굴하다고 말해.

사이.

제이크 그들이 거짓말하는 거야.

프레드 분명히 술마시는 것을 좋아하셨어.

제이크 그는 미친 듯이 자유분방할 수도 있었어.

프레드 맹세해, 그것을 입증할 처녀들이 많지.

제이크 시적으로 말해 그분이 짓밟혔을지도 몰라 —

프레드 하지만 그분의 속 깊숙이는 당당하고 불같이 뜨거웠어.

제이크 그리고 그때까지 난 그분을 아버지라 불렀지.

사이.

프레드 실생활에서 그분은 어땠어? 말해 줄래?

제이크 사내들의 지도자.

  사이.

프레드 친구들이 애정과 경외심과 존경심을 가지고 그분에게 붙여준 유명한 별명은 무엇이었지?

제이크 성직자. 오늘밤, 7시 30분 정각에 블랙호스 팝에 가봐. 그분이 앉곤 했던 구석자리에 성직자 한 분이 계실 거야. 젊은이들에게 서너 파인트의 술을 사면서.

프레드 젊은이들 누구도 그분을 쫓아갈 수 없었어.

제이크 그분은 자신의 맥주량을 아셨고 말썽꾸러기들을 다루는 고전적 처리방식도 알고 계셨어.

프레드 그것이 뭐였는데?

제이크 눈빛.

  사이.

프레드 형의 엄마에 대해 나한테 말 좀 해봐.

제이크 나한테 상스럽게 말하지 마.

앤디의 방.
앤디와 벨.

벨 마리아와 내가 — 식당에서 — 처음으로 점심을 먹었을 때 그녀에
게 내 것도 주문하라고 부탁했어. 그녀는 회색으로 입었어. 회색 드
레스. 나는 말했어. 제발, 나를 위해 주문 좀 해달라고, 제발, 당신
이 결정하는 것은 무엇이든지 먹겠다고, 나는 그것을 굉장히 좋아
할 거라고. 그러자 그녀는 나의 손을 꼭 쥐었어. 그리고 생긋 웃으
면서 나를 위해 주문을 했어.

앤디 난 그녀가 주문하는 것을 보았어. 나는 그녀를 보았어, 그녀가 당
신을 위해 주문하는 것을 들었지.

벨 나는 말했어, 네가 결정하는 것이 무엇이든 먹으면 정말 행복할 거
라고.

앤디 생선. 그녀는 생선으로 결정했어.

벨 그녀는 나의 소녀시절에 대해 물었어.

앤디 화냥년.

벨 나는 전에 누구에게도 말해 본 적이 없었던 투로 그녀에게 말했어.
그녀에게 나의 소녀시절에 대해 말했지. 그녀에게 오빠들과 절벽

위에서 뛰어다니던 것에 대해 이야기해 줬어. 나는 정말 빨리 뛰었어. 히스 숲 위아래로, 숨을 몹시 헐떡거렸어, 멈췄어야 했어. 히스 숲에 넘어졌어, 펄쩍 뛰면서, 오빠들이 내 쪽으로 달려들었어, 그리고 바람뿐이었어. 그녀에게 바람에 대해 그리고 절벽 꼭대기에서 나를 쫓아와 달려들었던 오빠들에 대해 말했어.

사이.

그녀에게 어떤 누구에게도 말해본 적이 없었던 투로 나는 말했어. 때때로 그런 일이 일어나잖아, 그렇지 않아? 당신이 누군가와 이야기할 때 당신이 못 보던 면이 드러나게 되는 거 말이야.

앤디 누가?

벨 당신이.

사이.

당신이 그렇다는 게 아니야. 내가 그렇다는 거지.

앤디 그런데, 나는 이 모두를 목격했어.

벨 아, 당신 거기 있었어?

앤디 꽃병과 『카라마조프 형제들』 책 너머로 당신 둘을 훔쳐보고 있었어.

벨 그리구 여자들은 남자들이 가지고 있지 않은 무엇인가를 가졌다고 그녀가 말했어. 여자들은 남자들이 가지지 않은 여자만의 어떤 특질을 가졌다고. 그녀가 나에 대해 말하는 건가 하고 생각했어. 그런데 일반 여자들에 대해 말하고 있다는 것을 알았어. 그때 그녀는 나를 바라보았어, 그리고 말했어. 말하자면 네가 그렇다구. 하지만 나는 혼자 중얼거렸어. 남자들 또한 아름다울 수 있다고.

앤디 나도 그 자리에 있었어. 말 한마디 한마디 모두 들었지.

벨 내 생각들은 아니었겠지.

앤디 당신의 생각들을 들었어. 당신의 생각들을 들을 수 있었어. 당신은 혼자 생각했지, 남자들 또한 아름다울 수 있다고. 그러나 당신은 그것을 감히 말하지 못했어. 하지만 생각은 했지.

사이.

잘 들어, 그녀도 똑같이 생각했어. 그녀가 그랬다는 걸 나는 알아.

사이.

우리 둘 다 결혼했어야 할 사람은 바로 그녀야.

벨 천만에, 나는 그렇게 생각하지 않아. 나는 당신 친구 랄프와 결혼했어야 한다고 생각해.

앤디 랄프? 뭐라고, 심판 랄프?

벨 그래.

앤디 하지만 그는 정말 형편없는 심판이었어! 정말 가망없는 심판이었지!

벨 내가 사랑했던 것은 심판으로서가 아니었어.

앤디 사내로서였다고!

　사이.

어, 제기랄. 정말 멋져. 여기서 나는 죽어가고 있는데 여편네라는 게 심판을 사랑했다고 나한테 말하다니. 토할 것 같애.

　사이.

그리고 내가 당신을 얼마나 사랑했었는지. 결혼 초기의 아름다운 시절들을 나는 결코 잊지 않을 거야. 당신은 당신의 몸을 나에게 바쳤어. 당신이 어느 날 말했지, 자, 여기 내 몸이 있어요. 나는 말했어, 정말 고마워, 당신은 정말 친절해, 내가 당신의 몸을 어떻게 하기를 바래? 당신은 대답했지, 당신이 하고 싶은 대로 하세요. 내가 말했지, 생각을 좀 해야겠어. 어떻게 할지를 내가 당신한테 말할게, 한 이 분만 그대로 있어, 그래 줄래? 내가 순경을 부르는 동안 그대로 있어.

벨　랄프는 정말 매너가 근사해. 그리고 노래하는 목소리가 그렇게 사랑스러울 수 없어. 왜 그가 전문 테너가수가 되지 않았는지 정말 이해할 수 없어. 하지만 그런 종류의 생활을 하면 온갖 군데를 다녀야 하는 문제가 있다는 것을 알고 있지. 늙은 어머니, 대책없는 아줌마에 대한 풍문이 있었어. 그의 마음에 걸렸던 무엇인가가 있었지. 나는 무엇을 믿어야 할지를 결단코 정말 몰랐어.

앤디　아니야, 아니야, 당신은 사람을 잘못 봤어. 나의 랄프는 현학적이고 학자적이었어. 야학에 하루도 빠진 적이 없었어. 귀는 컸지만 발은 작았어. 결코 웃지 않았지. 언젠가 무언가를 말하긴 했지만. 그는 출입구 쪽으로 나를 잡아끌었지. 나의 귀에다 속삭였어. 무엇이라고 말했는지 알아? 그는 말했어, 남자들은 여자들이 정말 가지고 있지 않은 무엇인가를 가졌다고. 나는 그에게 그게 뭐냐고 물었어. 그러나 물론 그는 그 질문에 대답할 필요가 없었어. 왜 그런지 알아? 심판들은 질문에 대답하지 않아도 돼. 심판들은 법이니까. 그들은 움직이는 법이야. 그들은 호루라기를 가지고 있어. 그들은 그것을 불지. 그 호루라기가 신의 정의를 분명하게 표현하지.

마리아와 랄프가 앤디와 벨에게.

마리아 당신 두 분 정말 멋져 보이는데. 오랜 세월이 지났네. 우리들은 물론, 여기서 더 이상 살지 않아.

랄프 시골에 집을 얻었어.

마리아 수년 전에.

랄프 십 년. 십 년 전에.

마리아 우리들은 아주 많은 소들과 친하게 지내왔어. 그렇지 않아, 여보? 사라는 놀라울 정도로 잘하고 있고 루시엥도 영사관에서 성공적으로 일하고, 수잔나도 누구도 말릴 수 없게 잘한대. 그들은 모두 랄프를 닮았어요. 여보 그렇지 않아? 육체적으로 말이야. 정신적인 것과 예술적인 것은 나를 닮았구. 우리는 꽤 큰 정말 낡아 빠진 시골집을 가지고 있어. 정확히 말하자면, 성은 아니지. 작은 호수가 있어.

랄프 오히려 연못이라고 할 수 있지.

마리아 나는 오히려 호수라고 하겠어.

앤디 그런데 당신은 심판 보는 것을 포기한 적이 있었어?

랄프 어, 물론. 포기했었어. 그리고 나는 그것에 대해 한 번도 후회해 본 적이 없어.

앤디 가슴으로부터 후회하지 않았다는 의미야?

랄프 그것을 위해 내가 태어나지는 않았다는 말이지.

앤디 그래서, 자네가 그렇게 심판을 형편없게 봤군.

　사이.

랄프 말해 봐. 자주 과거를 생각해. 당신도?

앤디 과거? 무슨 과거? 나는 어떤 과거도 기억 못해. 어떤 과거를 당신
은 생각하고 있는 거지?

랄프 예를 들어, 볼즈 폰드 길을 걷는 것 같은 거.

앤디 볼즈 폰드 길 근처 어느 곳에도 나는 가본 적이 없었어. 나는 공
무원이었거든. 나한테는 과거가 없었어. 어떤 과거도 기억하지 못
해. 여하튼 아무 것도 일어나지 않았어.

벨 아니야 일어났어.

마리아 그래 일어났어. 맞아 일어났어. 많은 일들이 일어났어.

랄프 그래, 일들이 일어났어. 일들이 분명히 일어났어. 온갖 모든 일들
이 일어났어.

벨 온갖 모든 일들이 일어났어.

앤디 글쎄, 그 일들 중 어떤 것도 나는 기억하지 못해. 그 일들 중 어떤 것도 나는 기억하지 못해.

마리아 예를 들어, 당신 아이들은! 당신의 사랑스러운 작은 딸! 브리지트! (그녀는 웃는다.) 작은 딸 아이! 그녀는 지금쯤이면 틀림없이 엄마가 되어있을 거야.

　　　사이.

앤디 나에게는 세 명의 예쁜 손자들이 있어. (벨에게) 그렇지 않아?

　　　사이.

벨 그런데, 그이는 몸이 좋지 않아. 당신들은 눈치채지 못했어?

랄프 누구?

벨 그이.

마리아 나는 눈치채지 못했어.

랄프 어디가 아프지?

벨 점점 기력이 쇠해가고 있어.

사이.

랄프 정다운 앤디가? 그럴 리 없어. 그는 항상 건강했어. 황소 같은 체질을 가졌지.

마리아 앤디 같은 사람들은 결코 죽지 않아. 바로 그게 그런 사람들의 멋진 점이야.

랄프 얼굴에 분홍빛이 도는 게 그는 정말 건강해 보여.

마리아 약간 수척해 보이기는 하지만 분홍빛이 돌아. 곧 선창가를 따라 뛰어다닐 거야.

랄프 눈 깜짝할 사이에. 그래, 우리들은 아장아장 걷는 것 같을 거야.

랄프와 마리아는 나간다.
벨은 전화로 가서 번호를 돌린다.
조명이 그녀를 비친다.

프레드의 방에 조명이 비친다.
전화가 울린다. 제이크가 전화를 든다.

제이크 차이니즈 세탁소?

벨 네 아버님이 몹시 편찮으시다.

제이크 차이니즈 세탁소?

　침묵.

벨 네 아버님이 정말 아프시단다.

제이크 내 동료를 바꿔 드릴까요?

　프레드가 전화를 든다.

프레드 차이니즈 세탁소?

　사이.

벨 그래봤자 상관없다.[9]

프레드 제발 아주머니, 세탁과 관련된 일은 뭐든지 다 해요.

벨 됐어. 그래봤자 상관없어. 상관없다구.

　침묵.

---

9) 벨이 '상관없다' (It doesn't matter)라 하자 이 중 'matter'를 받아 프레드가 다른
　의미로 사용함.

제이크는 전화를 들고, 그것을 본다. 그것을 귀에 가져다 댄다.

벨은 전화를 들고 있다.

프레드는 전화를 움켜쥐고 있다.

프레드 아주머니가 그렇게 몹시 언짢게 생각하시니, 우리 본점에 문의하실래요?

벨 드라이 클리닝 해요?

프레드는 가만히 있다. 그리고 나서 제이크에게 전화를 건네준다.

제이크 안녕하세요. 무엇을 도와드릴까요?

벨 드라이 클리닝 해요?

제이크는 가만히 있다.

벨은 전화를 내려놓는다. 발신음 소리.

제이크는 전화를 제자리에 놓는다.

제이크 물론 드라이 클리닝을 하지! 물론 드라이 클리닝을 해! 드라이 클리닝도 안 하면 도대체 무슨 놈의 세탁소야?

앤디의 방.

앤디와 벨.

앤디 그들은 어디에 있지? 내 손주들? 아기들? 내 딸 말이야?

사이.

아이들이 밖에서 기다리고 있는 거야? 왜 아이들을 바깥에서 기다리게 하는 거지? 왜 들어올 수 없는 거야? 무엇 때문에 기다리고 있는 거야?

사이.

무슨 일이 일어나고 있지?

사이.

무슨 일이 일어나고 있지?

벨 당신이 죽어가고 있잖아?

앤디 내가?

벨 당신은 모르고 있어?

앤디 아니. 나는 몰라. 나는 죽는 게 어떤 기분인지 몰라. 어떤 기분일까?

벨 나는 몰라.

사이.

앤디 왜 애들이 들어오지 않는 거야? 애들이 무서워해? 무서워하지 말
라고 애들에게 말해.

벨 애들은 여기 없어. 아이들은 오지 않았어.

앤디 브리지트에게 무서워하지 말라고 해. 브리지트에게 걔가 무서워
하는 것을 내가 바라지 않는다고 해.

프레드의 방.
제이크와 프레드.
프레드는 잠자리에서 일어난다. 그는 반바지를 입고 있다.
그들은 둘 다 방 주위를 걷는다, 손을 등뒤로 하고.

제이크 도랑주리의 기념 행사에 네가 참석하지 않았다는 것은 유감이
야.

프레드 죽을 병으로 침대에만 누워 있게 될까봐 두려워.

제이크 그래서 나는 참석하지. 안됐어. 정말 굉장한 모임이었어.

프레드 그랬어?

제이크 물론 그랬어. 모두가 거기 있었거든.

프레드 정말? 누가?

제이크 어 . . . 덴튼, 알라배스터, 터니클리프, 퀸.

프레드 정말로?

제이크 물론이지. 켈리, 모트레이크, 롱맨, 스몰.

프레드 맙소사.

제이크 그래. 웨터비, 화이트, 호취키쓰, 드 그루트 . . . 블랙하우스, 갈랜드, 겁트, 테이트.

프레드 그래, 그래!

제이크 패거리 전부. 도노반, 아이언사이드, 월러스, 맥쿨. . . 오튜나, 머거릿지, 카펜티어, 핀.

프레드 연설은?

제이크 매우 감동적이었어.

프레드 누가 연사였는데?

제이크   어 . . . 해즐딘, 맥코 미크, 부가티, 블랙, 포리스터, 갤러웨이, 스프링필드, 곤트.

프레드   그는 정말 사랑받았어.

제이크   그래, 너도 그분을 사랑했지, 그렇지 않았어?

프레드   그분을 사랑했어. 그분을 아버지처럼 사랑했어.

세 번째 영역.

브리지트   한때 누군가가 나에게 말했어 — 아버지 아니었으면 어머니였다고 나는 생각해 — 어쨌든, 그분들이 나에게 말했어. 우리들은 파티에 초대받았단다. 너도 초대받았지. 그런데 너는 혼자서, 홀로 와야만 할 거야. 너는 꼭 성장할 필요는 없단다. 단지 달이 질 때까지 기다려야만 해.

사이.

그분들이 나에게 파티가 열릴 장소를 알려줬어. 골목길 끝 집이었지. 그런데 그분들이 나에게 말했어. 파티는 달이 완전히 질 때까지 시작하지 않을 거라고.

사이.

나는 오래된 멋진 옷을 입었어. 그리고 달이 지기를 기다렸어. 나는 오랫동안 기다렸어. 그리고 나는 그 집으로 출발했어. 달이 밝았고 아주 고요했어.

사이.

내가 그 집에 도착했을 때 달빛으로 집이 흠뻑 젖어 있었어. 그 집, 숲, 골목길 모두 달빛에 흠뻑 젖어 있었어. 그러나 집안은 어둡고 모든 창들은 까맸어. 아무 소리도 없었어.

사이.

나는 달빛을 받으며 거기 서 있었어. 그리고 달이 지기를 기다렸어.

파 티 타 임

Party Time

....

『파티타임』은 1991년 10월 31일 런던 알메이다 극장에서 초연되었다.

캐스트

테리	피터 호위트
개빈	배리 포스터
더스티	델리아 로쉬
멜리사	도로시 투틴
리즈	래시 니콜스
샬로트	니콜라 패제트
프레드	로저 로이드 팩
더글러스	곤 그랜저
지미	해리 버튼
연출	해롤드 핀터
디자이너	마크 톰슨

1992년 11월 17일에 TV로 이 작품을 방영하기 위해 핀터는
샘 이하의 인물들을 작품 속에 더 집어 넣었다.

캐스트

샘	롤랜드 올리버
파멜라	질 존슨
에밀리	줄리-크리스찬 영
수키	브리지트 린치 블로스
할로우	캐빈 디그남
스미스	벤 그레이
연출	해롤드 핀터
디자이너	그랜트 믹스

등장인물(1991)

테리 —————— 40세의 남자
개빈 —————— 50대의 남자
더스티 —————— 20대의 여자
멜리사 —————— 70세의 여자
리즈 —————— 30대 여자
샬로트 —————— 30대 여자
프레드 —————— 40대 남자
더글러스 —————— 50세의 남자
지미 —————— 젊은 남자

등장인물(1992)

샘 —————— 40대의 남자
파멜라 —————— 50대의 여자
에밀리 —————— 30대의 여자
수키 —————— 20대의 여자
할로우 —————— 30대의 남자
스미스 —————— 20대의 남자

1

개빈의 플랫.

멀리서 헬리콥터 소리가 들린다.

사람들은 앉아 있기도 하고, 서 있기도 한다. 음료 쟁반을 들고 있는 웨이트리스. 바.

커다란 현관문.

개빈과 테리는 마실 것을 들고 서 있다.
할로우와 스미스는 그저 듣고 있다.

테리 말하자면, 모든 것이 다 갖춰져 있어요.

개빈 그래?

테리 그렇고 말고요. 정말 고급이에요.

개빈 정말?

테리 정말 고급이죠. 내 말뜻은, 내가 말하려는 것은, 테니스도 칠 수 있고, 수영을 멋지게 할 수도 있다는 거죠, 저편으로는 바도 있고 —

개빈 어디에?

테리 수영장 옆에요. 즉석에서 과일 주스도 마실 수 있어요, 따로 돈을 지불하지 않고서도 말이에요. 그리고 나면 영감님께 바로 이런 식의 환상적인 뜨거운 타월을 주죠.

개빈 뜨겁다구?

테리 놀랄 정도예요. 정말로, 뜨거워요. 내가 농담하는 게 아니에요.

개빈 이발사처럼?

테리 이발사요?

개빈 이발소에. 내가 소년이었을 때.

테리 설마?

　사이.

　무슨 뜻이죠?

개빈 그들이 얼굴, 음, 코, 그리고 눈에 뜨거운 타월로 갖다대곤 했지, 수천 번 그런 서비스를 했어. 그렇게 하면 모든 여드름, 자네 얼굴에 있는 모든 여드름들이 없어져 버리지.

테리 여드름이라구요?

개빈 뜨거운 수건이 그것들을 모두 태워 버렸어. 타월들은, 음, 참을 수 있을 만큼 뜨거웠지. 이발사들은 이렇게 말하곤 했어 '선생님, 충분히 뜨거웠습니까? 뜨거운 타월이 당신 피부에 있는 모든 여드름들을 태워 없애 버렸죠.

사이.

나는 물론, 서쪽 지방에서 태어났어. 그래서 서쪽 지방의 이발소에 대해서만 말할 수 있지. 그런데 한편 확신하는데 그 당시에는 나라 전역 이발소에서 여드름용 뜨거운 타월을 사용했어. 그래, 그 당시에는 그것이 관례였어.

테리 그래요, 분명히 그랬겠지요. 분명히 그랬을 거예요. 그런데 사실, 저는 전신용 타월인 커다란 목욕 타월에 대해 말씀드리는 겁니다. 그저 진짜 편안함에 대해 이야기하고 있는 거죠, 그걸 영감님께 말씀드리고 싶었을 뿐이에요. 그곳은 정말 고급이에요. 모든 것이 다 갖추어져 있어요. 내 기억으로는, 그곳의 회원이 되려면 대기자 목록에 등록하고 기다려야 해요 — 추천을 받고 나서 동의 제청이 있어야만 한다는 뜻이에요, 그리고 나면 그들이 영감님을 세밀하게 조사할 거예요. 늙고 쓸모없는 사람은 그곳에 발을 들여놓지 못해요. 왜 그런 사람들을 받아들이겠어요.

개빈 옳은 말이야.

테리 그런데 말할 필요도 없어요 영감님같이 중요한 사람은 당연히 따뜻하게 환영받을 거예요 — 명예 회원으로.

개빈 정말 친절하군.

더스티가 문으로 들어와 그들과 합류한다.

더스티 지미에게 무슨 일이 일어났는지 들었어요? 지미에게 무슨 일이 일어났어요?

테리 아무 일도 일어나지 않았어.

더스티 아무 일도?

테리 아무도 그것을 이야기하지 않아. 누구도 그 문제를 이야깃거리로 안 삼아, 자기. 내 말뜻을 알아듣겠어? 지미에게 아무 일도 일어나지 않았다는 거지. 그리고 당신이 착하게 굴지 않으면 내가 때려줄 거야.

더스티 무슨 이야기를 하시고 계셨어요?

테리 새 클럽에 대해 저 어른에게 말씀 드리고 있었어. 클럽에 대해 막 이야기하고 있는 중이었어. 더스티는 회원이에요.

개빈 클럽이 어떻죠?

더스티 어, 훌륭해요. 모든 것이 다 구비되어 있어요. 멋져요. 조명도 근사해요. 그렇지 않아요? 정자 벽감(壁龕)에 대해 저분에게 말씀 드렸어요?

테리 정말, 음, 유리로 된 벽감이 있는 바가 있어요. 물 아래를 내다볼 수 있어요.

더스티 영감님이 술을 마시고 계시면, 어, 다른 한편에서는 사람들이 수영을 해요.

테리 사랑스러운 여자애들이.

더스티 그리고 남자들이.

테리 대부분은 여자애들이에요.
더스티 저분에게 음식에 대해서 이야기했어요?

테리 카넬로니(원통형 대형 파스타)는 정말 맛있어요.

더스티 일류예요. 음식은 정말 일류예요.

테리　그들은 심지어 다진 간요리도 하지요.

개빈　그것을 그곳 특유의 요리라고 할 수는 없을 거예요.

　　　멜리사가 문으로 들어온다. 그리고 그들과 합류한다.

멜리사　도대체 저기 밖에서 무슨 일이 일어나고 있는 거지요? 마치 페스트가 유행하는 것 같아요.

테리　어떤데요?

멜리사　동네가 죽은 듯이 고요해요. 길거리에는 아무도 없구, 한 사람도 눈에 띄질 않아요. 몇몇 . . . 군인들을 제외하고는. 내 운전 기사가 멈췄어야 했어 . . . 음 . . . 그것을 뭐라 부르더라? . . . 도로 방책. 우리가 누구인지 말했어야만 했지요 . . . 그것은 정말로 사소한 . . .

개빈　어, 좀 그럴 일이 있어요 . . . 음 . . .

테리　아무 일도 없어요. 여사님께 소개해도 좋을까요? 개빈 화이트 ─ 우리들의 호스트예요. 멜리사 부인이세요.

개빈　와 주셔서 정말 기쁩니다.

테리　뭐 한잔 드시지요?

웨이트레스가 다가온다.

샴페인을 드세요.

멜리사에게 잔을 건넨다.

더스티 계속 이에 관한 여러 가지 이야기들을 듣고 있어요. 무엇을 믿
      어야 할지 모르겠어요.

테리 뭐라고 했어?

더스티 무엇을 믿어야 할지 모르겠다고요.

테리 당신은 무엇을 믿을 필요가 없어. 그저 입 다물고 당신 자신 일
      이나 신경쓰면 돼, 내가 당신에게 몇 번이나 말을 해야만 해? 이렇
      게 멋진 파티에 와서, 당신이 할일이라고는 입 다물고 환대를 즐기
      기만 하면 돼 그리고 제기랄 당신 자신 일이나 신경 써. 얼마나 더
      내가 당신에게 이야기해야 하지? 당신은 오로지 이런 것들을 계속
      듣기만 하면 돼. 당신은 비열한 놈들에 대해 비열한 놈들이 소문낸
      오로지 이런 것들을 계속 듣기만 하면 돼. 그것이 당신과 무슨 상
      관이야?

개빈 (멜리사에게) 가십시다, 인사하시러. . .

그는 멜리사를 모시고 가버린다. 테리는 더스티를 뚫어져라 본다.

2

샘과 파멜라.

샘 난 여사님이 균형감각을 지녀야 한다고 생각해요. 사람들이 세상의 균형을 깨도록 내버려둬서는 안 돼요.

파멜라 배에 물이 새지 않게 빈틈없이 운영해야 한다는 뜻인가요?

샘 여사님은 그렇게 하고 계세요. 정말 그렇게 하고 계세요. 아시다시피, 저는 늘 철저하고 정직하게 살고 있어요.

파멜라 알고 있어요.

샘 정말로요?

파멜라 그것을 당신 얼굴에서 볼 수 있어요. 그리고 당신 자세에서도. 당신은 정직해요. 정말 그래요. 우리들은 돌려서 말을 할 줄 몰라요. 단도직입적으로 물어 보죠. 무엇이 소중하지요? 무엇이 귀중하냐구요? 그것이 바로 내가 묻고 싶은 거예요. 우리들이 선택해서 지키는 가치들은 어떤 것들이며 왜 그러죠?

샘 옳아요.

파멜라 뭐가 옳지요?

샘 됐어요. 됐어요 — 내 뜻은 — 저, 그래요 . . . 정확하게 . . .

3

리즈와 샬로트.

리즈 정말 아름다워. 정말로, 입, 그리고 물론 눈도.

샬로트 맞아.

리즈 그이 손은 말할 것도 없어. 너한테 말할게, 내가 죽였을지도 몰라
—

샬로트 이해할 수 있어 —

리즈 그런데 그 화냥년이 다리를 그이 위에 올려놨어.

샬로트 나도 알고 있어 —

리즈 그년이 그이를 박살내서 죽이려고 한다고 생각했어.

샬로트 믿을 수 없는데.

리즈 그년의 스커트가 바로 목까지 올라와 있었어 — 당신도 봤어?

샬로트 정말 뻔뻔하군 —

리즈 다음 순간 그년이 그이를 계단 위로 질질 끌고 갔어.

샬로트 나도 봤어.

리즈 그런데 끌려가면서, 그가 무엇을 했는지 알아?

샬로트 무엇을 했지?

리즈 나를 봤어.

샬로트 그랬어?

리즈 나는 맹세해. 질질 끌려가면서 그가 뒤를 돌아보았어, 뒤를 돌아봤어, 맹세해, 나를, 상처입은 사슴처럼, 나는 결코, 내가 살아 있는 한, 그것을 잊을 수 없을 거야, 그 시선을 결코 잊을 수 없을 거야.

샬로트 정말 멋져.

리즈 나는 그 색정적인 화냥년, 그년의 모가지를 베고 싶었을 정도야.

샬로트 그래, 그런데 무엇이 일어났는지를 생각해. 그것의 멋진 면을 생각해. 왜냐하면 너에겐 그게 사랑이었으니까, 사랑에 빠졌던 거야. 그게 일어났던 거야, 그렇지 않아? 너는 사랑에 빠졌어.

리즈 그랬어. 네 말이 맞아. 나는 사랑에 빠졌어. 나는 사랑하고 있어. 나는 요즘 깊이 잠들어 본 적이 없어. 나는 사랑하고 있는 거야.

샬로트 그런 일이 몇 번이나 일어날까? 그게 중요해. 정말로 얼마나 자주 그런 일이 일어날까? 사람들은 얼마나 자주 그러한 일을 경험할까?

리즈 그래, 네가 맞아. 그게 내게 일어났던 거야. 그게 현재 일어나고 있어 — 내게.

샬로트 그래서 네가 그렇게 고통스러운 거야.

리즈 그래, 왜냐하면 그 커다란 젖통을 가진 화냥년이 —

샬로트 네가 사랑하는 남자를 강간했어.

리즈 맞아, 그년이 그랬어. 그것이 바로 그년이 한 짓이었어. 그년이 내 애인을 강간했어.

4

프레드와 더글러스.

프레드 우리들은 그것을 성공적으로 이끌어야 해요.

더글러스 무엇을?

프레드 나라를.

사이.

더글러스 프레드, 자네는 그자와 함께 집이 떠나갈 정도로 큰 박수 갈채를 받았어.

프레드 그런데 바로 그게 문제예요. 그게 문제예요. 그렇지 않아요?

더글러스 그래, 그것이 문제야. 그것이 문제지. 그것이 문제라고 나는 말하겠어. 이 말도 안 되는 짓을 전부 멈춰야 해.

프레드 진심이에요?

더글라스 정말 진심으로 말하는 거야.

프레드 당신 같은 사람들을 존경해요.

더글라스 나도 그래.

  프레드는 주먹을 꽉 쥔다.

프레드 굉장히.

  더글라스는 자신의 주먹을 꽉 쥔다.

더글라스 굉장히.

5

  에밀리와 수키.

에밀리 경마 예선 경기를 보러 다음 주말에 솔리에 갈 예정이야. 아이들도 그것을 좋아하거든.

수키 남편도 뛰어요?

에밀리 글쎄, 실제로 뛰는 것은 말이지. 내 남편은 시합을 하는 거구.

수키 그분이 뛰는 것을 본 적이 있어요. 정말 잘하던데요.

　　에밀리가 그녀를 쳐다본다.

　　음, 무엇을 말하는지를 알잖아요 ―

에밀리 그이가 시합하는 것을 본 적이 있다고? 어디서?

수키 어, 내 생각엔, 북쪽 어디선가였어요.

에밀리 분명히 아들들이 아버지의 뒤를 이을 거야. 자기 아버지를 존경하거든.

수키 그런데 그분이 오늘밤 여기에 오시지 않을 건가요?

에밀리 응, 물론 안 와. 바쁘거든. (그녀는 창문을 가리킨다.) 저쪽에서.

수키 어, 물론 그러시겠지요.

6

프레드와 더글라스.

프레드 오늘 밤은 어떻게 돼 가죠?

더글라스 정확하게. 자. 자네한테 이야기할 게 있어. 우리는 평화를 원
해. 우리는 평화를 원하고 그것을 얻으려고 해.

프레드 옳소.

더글라스 우리들은 평화를 원하고 그것을 얻으려고 하지. 그런데 우리
는 그 평화가 무쇠 같았으면 해. 새는 구멍도 없고. 바람도 통하지
않는. 무쇠. 북처럼 단단한. 그게 우리들이 바라는 평화야, 그리고
우리가 얻으려는 평화지. 무쇠 같은 평화.

그는 주먹을 꽉 쥔다.

이런 식의 —

프레드 아시겠지만, 정말로 영감님 같은 사람들을 존경해요.

더글라스 나도 그러네.

그들은 가 버린다. 카메라는 움직임 없이 닫힌 현관문을 비친다.

7

할로우, 스미스와 파멜라.

할로우 마이크 할로우예요.

스미스 사이몬 스미스예요. 화이트 씨의 조수들이에요.

파멜라 당신은 신시아 할로우의 아들이지.

할로우 네, 그렇습니다.

파멜라 우리는 옥스퍼드에서 함께 있었단다. 어머니는 아직도 강아지
를 사랑하시니?

할로우 강아지는 어머니의 생명과 같아요.

파멜라 옥스퍼드에서는 사람들이 자네 어머니가 강아지와 결혼할 거

라고 기대했어.

그녀는 할로우를 자세히 본다.

물론 안 했지.

8

멜리사, 더스티, 테리와 개빈.

멜리사 (더스티에게) 그렇게 말하다니 당신은 정말 싹싹해.

더스티 그런데 풍채가 정말 멋지세요. 솔직히 그렇지 않아요, 여보?

테리 이 여사님을 알고 지낸 지가 꽤 오래됐어. 그렇지 않나요, 여사님? 여사님을 알고 지낸 게 몇 년이나 됐나? 꽤 오래됐어. 여사께서는 항상 똑같으세요. 그렇게 생각하지 않아, 여보? 여사께서는 항상 똑같으세요. 그렇게 보이시지 않아요?

개빈 그러신가?

더스티 늘 같으세요. 당신 그렇게 생각지 않으세요?

테리 항상 같으시지. 그렇지 않나요?

멜리사 어, 농담도 잘하시네.

테리 그렇지 않아요. 결코 농담이 아니에요. 여사께서는 내가 농담 지껄이는 거 들어본 적 있으세요?

멜리사 아니요, 만약 내가 아직 괜찮게 보인다면, 그것은 아마도 이 새 클럽에 막 들었기 때문일 거예요. — (개빈에게) 그것을 알고 계시나?

테리 막 말씀 드리는 중이었어요. 그것에 관한 모든 것을 막 말씀 드리는 중이었어요.

멜리사 어, 그러셨나?

개빈 지금 막, 그래요. 즐거울 것 같은데요. 여사께서는 회원이시지요, 그렇지요?

멜리사 물론이죠. 그게 내 생명을 구해 주었다고 생각해요. 수영이. 어르신도 클럽에 들지 그래요? 테니스를 쳐요?

개빈 저는 골퍼예요. 골프를 쳐요.

멜리사 골프 외에 무엇을 하나요?

개빈 (싱긋 웃으면서) 무슨 말씀을 하시는지 모르겠어요.

테리 골프 말고 다른 무엇을 하시냐구요? 그것 외에 다른 것은 하시지
않아요. 골프를 치세요. 그게 바로 영감님이 하는 거예요. 영감님이
하시는 것은 그것뿐이에요. 영감님은 골프를 치세요.

개빈 어 . . . 배도 타요. 내 소유의 배가 있어요.

더스티 나는 배를 사랑해요.

테리 뭐라고?

더스티 배를 사랑한다구요. 배 타는 것을 무척 좋아한다구요.

테리 배 타는 것을. 여러분들도 들으셨어요?

더스티 저는 배에서 음식 만드는 것을 좋아해요.

테리 그녀가 유일하게 좋아하지 않는 건 배에서 사랑을 나누는 거예
요. 그걸 좋아하지 않아요.

멜리사 그거 재미있는데. 누구든지 다 그것을 좋아한다고 생각했는데.

개빈과 테리는 웃는다.

더스티 내 남동생 지미에게 무슨 일이 일어났는지 아시는 분 계세요?

테리 무슨 소리를 하는지 모르겠네. 어쩌면 그녀는 귀머거리인지도 몰라요. 아니면 내 목소리가 충분히 크지 않든지, 아니면 충분히 명료하지 않든지. 여러분들은 어떻게 생각하세요? 어쩌면 내 말투에 뭔가 잘못이 있는지도 몰라요. 하지만 어쩌겠어요, 내버려둘 수밖에. 왜냐하면 이 문제 즉 지미에게 무슨 일이 일어났는지에 대해 그것을 이야깃거리로 삼지 않을 거라고, 그 문제를 어느 누구도 협의사항(계획)[1]으로 삼지 않을 거라고 말했었거든요. 그 점에 대해선 이미 분명하게 했다고 생각했어요. 그런데 어쩌면 내 목소리가 충분히 크지 않았던가 봐요. 아니면 내 발음이 명확하지 않았던지 아니면 그녀가 귀머거리던지.

더스티 나는 협의할 거예요.

테리 뭐라고 말했어?

더스티 그것을 협의할 거라고 말했어요.

테리 아니야 아니야, 자기, 그 점에 대해 잘못 생각하고 있어. 그 점에 대해 완전히 잘못 생각하고 있어, 그 부분은 정말 잘못 생각하고 있어, 당신은 어떤 계획도 가지고 있지 않아. 알아듣겠어? 당신은 어떤 계획도 없어. 그러니까 당신은 완전히 반대로 생각한다는 거지. (다른 사람들에게) 마누라를 집으로 데려가서 솔직하게 이야기를

---

1) agenda라는 의미를 두 가지로 사용. ① 협의사항, ② 계획

해야겠어요.

개빈 정말 알 수 없어, 얼마나 많은 남자들이 자기 마누라를 통제할 수 없는지를.

테리 뭐라고요?

개빈 (멜리사에게) 그게 많은 불행의 원인이지요, 아시잖아요. 통제할 수 없는 마누라들이.

멜리사 그래요, 당신이 무엇을 말하려는지 알아요.

테리 무엇을 말씀하시는 거지요?

개빈 (멜리사에게) 저번 날 숲으로 산책을 갔었어요. 그렇게 많은 다람쥐들이 아직 남아 있으리라고는 정말 생각 못했어요. 정말 활기 있고, 상당히 매력적인 동물들이에요.

멜리사 어린아이였을 때 나는 동물들을 사랑했었어요.

개빈 부인께서 정말로요? 매는 어때요?

멜리사 오, 매도 사랑했어요. 그리고 독수리도. 그런데 확실한 것은 매였어요. 황조롱이. 그것이 계곡 위를 날아서 공중을 떠돌던 모습. 그것이 나를 울렸어요. 나는 아직도 눈물이 나요.

9

현관문이 조금 열려 있다. 그것을 통해 들어오는 빛이 점점 강해진다.
그 빛은 방안으로 들어와 이글댄다.

전면에 윤곽만 보이는 한 사람이 움직인다.

10

더글라스, 프레드, 리즈와 샬로트.

더글라스 어, 자네 내 마누라를 만난 적 있었어?

프레드 (리즈에게) 처음 뵙겠습니다.

리즈 여기는 샬로트예요.

프레드 우리는 전에 만난 적이 있어요.

리즈　전에 만난 적이 있다고요?

샬로트　그렇고 말고요. 만난 적이 있어요. 저분이 예전에 나를 도와줬
어요.

더글라스　정말로 그랬나? 흥미진진하군.

프레드　그랬어요.

더글라스　정말 좋았겠네요? 그렇죠?

샬로트　어, 어. 맞아요. 물론이에요. 나는 아직도 떨려요.

더글라스　흥미롭군.

리즈　이 파티는 정말 멋져요. 그렇지 않아요? 그저 이 파티가 멋지다는
것뿐이에요. 그렇지 않아요? 파티가 매우 재미있다고 생각해요. 사
람들이 옷을 정말 잘 입는다는 사실이 마음에 들어요. 격식을 차리
지 않으면서도 멋진. 내가 무슨 말을 하는지 알아요? 내가 자부심을
갖는 것이 어리석어 보여요? 멋지게 차려입은 사람들에 속하고 싶
어하는 게? 오, 정말 나는 모르겠어요, 고상함, 스타일, 우아함, 취
미, 이러한 말들, 이러한 개념들은 그 자체가 의미있는 게 아닐까
요? 믿을 수 없을 정도로 중요하다고 생각하는 것은, 저만은 아닐
거예요, 그렇죠? 어쨌든 저는 부드럽게 움직이는 모든 것을 사랑해
요. 내가 얼마나 행복한지 당신한테 말할 수 없어요.

프레드 (샬로트에게) 당신은 누군가와 결혼했었어요. 그게 누구였는지 잊어버렸어요.

오랜 침묵.

샬로트 그이는 죽었어요.

침묵.

더글라스 이번 여름에 시간 있으면 우리 섬에 놀러 오세요. 여름을 지내기 위해 섬을 빌리니까요. 꼭 오세요. 거기에는 거의 아무도 없는 거나 마찬가지예요. 우리의 체면을 세워줄 몇 명의 지역 사람들만 있을 뿐이에요. 정말 공손해요. 모든 것이 잘 돌아가요. 내 소유의 자가발동기도 있죠. 그런데 폭풍은 사나워요, 그렇지 않아 여보? 폭풍을 좋아한다면. 열풍. 그것은 살아 있다고 느끼게 만들어요. 정말 살아 있다고. 늙은 맥박도 빨리 힘있게 뛰게 돼요. 맙소사 그것은 사나울 수 있어요, 안 그럴 수는 없을까 여보? 늙은 맥박도 빨리 힘있게 뛰게 돼요. 판돈의 액수를 올리게 하죠. 음. 피가 빨리 돌게 만들어요. 사실, 내가 거기 섬에 가면 10년은 더 젊어진다고 느껴요. 누구라도 고용할 수 있어요. 남자, 여자 또는 아이, 뭐더라?

그는 웃는다.

야생동물도 고용할 수 있어요. 그런데 폭풍이 멈추고 밤이 오고 달이 휘영청 떠 있을 때 그리고 바다, 파도의 리듬만이 남을 때 그때,

당신은 신이 인간을 위해 무엇을 의도했는지 알게 돼요, 파라다이스가 무엇인지를 알게 돼요.

11

샘, 할로우와 스미스.

샘 옳은 것은 옳다, 그게 내가 말하려는 거야.

할로우 바로 그거예요.

샘 일이 성공적이면, 일이 순조로우면, 그것을 존중하고, 그것을 인정해라, 그것을 존중하고 그것에 매달리라는 거지.

스미스 그것에 매달려라.

샘 그것에 매달려라. 우리는 원칙에 대해 이야기하고 있어. 내가 말하려고 하는 것은 저번에 파티에서 한 남자를 만났는데 — 그것을 믿을 수 없었어 — 그 작자는 완전히 형편없는 쓰레기였어 — 세상에 대한 생각들 하며, 등등 — 총체적으로 완벽하고 철저한 바보였어 — 음악가라나 뭐라나 —

스미스 스탓다트요?

샘 맞아. 자, 자, 그런 류의 인간들, 그것들은 전염병과 같아.

스미스 스탓다트에 대해서는 걱정하지 마세요. 그를 막 떠나보냈거든
요.

할로우 아침식사로 그를 먹었어요.

스미스와 할로우는 웃는다.

12

테리와 더스티.

테리 당신 미쳤어? 당신 그 사람이 어떤 사람인지 알기나 해?

더스티 그럼요. 어떤 사람인지 알아요.

테리 당신은 그가 어떤 사람인지 몰라. 당신은 몰라. 당신은 그의 지위
가 뭔지도 몰라. 당신은 정말 몰라. 당신은 아무 것도 몰라.

더스티 그분은 매너가 멋져요. 다른 세계에서 온 것 같아요. 예의바르고, 남을 배려하는 그 세계. 그분이 나에게 아침에 꽃을 보낼 거예요.

테리 아니 절대 안 그럴 걸. 그럴 리 없어 절대로.

더스티 불쌍한 자기, 화났어요? 내가 당신을 실망시켰어요? 내가 당신을 실망하게 했어요. 나는 늘 정말 좋은 마누라가 되려고 애썼는데. 정말 좋은 마누라.

그들은 서로 뚫어져라 바라본다.

집에 도착하면 당신은 어쩌면 나를 죽일지도 모르죠? 당신 그럴지도 모르죠? 당신이 그것을 끝낼 수 있다고 생각해요? 그것에 끝이 있다고 생각해요? 당신은 무엇을 생각하지요? 당신이 나를 끝장내면 모든 것이 끝난다고 생각하세요? 모든 것과 모든 사람이 나와 더불어 죽어 버릴까요?

테리 그래, 당신과 당신과 같은 족속들이, 함께 죽게 될 거야.

더스티 어떻게 그짓을 하시려고요? 나한데 말해봐요.

테리 쉽지. 수십 개의 가지가지 방법들이 있어. 신호만 보내면 당신들 하나하나를 질식시켜 죽일 수 있어. 아니면 또다른 신호로 각각의 개인 궁둥이에 빗자루를 쑤셔 넣을 수도 있고. 아니면 비뚤어진 입

을, 제기랄 열기 전에 모든 아기들이 급사하도록 세상 모든 엄마의
젖에 독약을 탈 수도 있어.

더스티 그런데 그게 재미있을까요? 재미있을까요?

테리 당신은 그것을 좋아하게 될 거야. 하지만 우리들이 어떤 방법을
사용할 것인지 당신에게 말하지 않겠어. 나는 단지 당신이 성적인
기대감으로 부풀기를 바래. 우리들이 택하는 방법들이 무엇이든
간에 성적 기대감으로 부풀어 기다리기를 바래.

더스티 그런데 당신 아직 나를 사랑해요?

테리 물론 나는 당신을 사랑하지. 당신은 내 아이들의 엄마잖아.

더스티 어 그런데, 지미에게 무슨 일이 일어났지요?

13

파멜라, 에밀리 그리고 수키.

파멜라 어, 그래, 나는 어린애였을 때 테니스를 치곤 했어. 정말 그걸
좋아했어. 나의 아버님은 멋지게 테니스를 치셨지. 네트에서 스매

시는 굉장했어.

수키 로버트 카울리를 아세요? 에밀리의 남편? 장애물 뛰어넘기 선수?

파멜라 사실 그를 몰라, 그런데 —

수키 그분은 멋지게 테니스를 쳐요. (에밀리에게) 그렇지 않아요?

엘밀리 그이는 클럽의 순위로 치면 사다리 제일 꼭대기에 있죠.

파멜라 사다리라니?

에밀리 네, 클럽에서 테니스 순위 — 알잖아요 — 우리 클럽에서 — 그
이는 사다리 제일 꼭대기에 있어요.

수키 포핸드는 일류예요. 말 그대로 강타죠.

에밀리 정말이에요, 사실 그이는 모든 면에서 완벽한 만능 운동선수예
요.

수키 군대를 대표해서 높이뛰기 하지 않나요?

에밀리는 그녀를 뚫어져라 바라본다.

파멜라 (에밀리에게) 당신은 틀림없이 꽤 자랑스럽게 생각하겠네.

14

프레드와 샬로트.

프레드 정말 오랜만이야.

샬로트 정말 오랜만이에요.

프레드 그렇지 않아?

샬로트 정말, 그래요. 오랜만이에요.

프레드 당신은 전처럼 아름다운데.

샬로트 당신도요.

프레드 나? 그럴 리가 없지.

샬로트 오, 당신도 그래요. 글쎄, 말하자면 말이에요.

프레드 말하자면이라니 무슨 의미지?

샬로트 어, 당신이 전처럼 근사해 보인다는 의미였어요.

프레드 그런데 난 한 번도 근사해 본 적이 없는데. 어느 면에서나.

샬로트 맞아요, 그것은 사실이에요. 그렇지 않았어요. 어느 면으로 보나. 나는 말도 안 되는 소리를 지껄이고 있어요. 말하자면.

프레드 당신의 말버릇은 여전히 형편없군.

샬로트 그래요. 정말 소름끼칠 정도예요.

프레드 파티가 재미있어?

샬로트 요사이 가본 파티 중 최고예요.

　사이.

프레드 당신 남편이 죽었다고 당신이 말했지.

샬로트 나의 누가요?

프레드 당신 남편.

샬로트 어, 내 남편. 아, 맞아요. 그래요. 그는 죽었어요.

프레드 오랫동안 아팠어?

샬로트 단기간.

프레드 아.

사이.

그리고 나서 순식간에.

샬로트 순식간에, 그래요. 단기간 앓고 순식간에.

사이.

프레드 그게 더 낫지.

샬로트 정말이요?

프레드 나라면 그렇게 생각할 거라는 거지.

샬로트 아. 그래요. 맞아요.

사이.

누구를 위해 더 낫죠?

프레드 뭐라구?

샬로트 그게 더 나을 거라고 말했잖아요. 누구에게 더 낫냐구요?

프레드 당신에게.

샬로트는 웃는다.

샬로트 맞아요! 당신이 그이라고 말하지 않아서 다행이에요.

프레드 아, 그라고 말할 수도 있어. 빨리 죽는 것이 질질 끄는 것보다 틀림없이 더 나아. 당연하지.

샬로트 아니, 그렇지 않아요.

사이.

어쨌든, 순간적이면서 동시에 질질 끌 수도 있어요. 그럴 수 있어요. 죽음은 동시에 두 가지 다일 수 있어요. 오 그런데, 그이는 아프지 않았어요.

사이.

프레드 당신은 아직도 정말 아름다워.

샬로트 길거리에서 무슨 일인가 벌어지고 있어요.

프레드 뭐라고?

샬로트 길거리에서 무슨 일인가 벌어지고 있다고요.

프레드 길거리는 우리들에게 맡겨.

샬로트 우리들이 누군데요?

프레드 아, 그저 우리들에게 . . . 당신도 알잖아.

그녀는 그를 뚫어져라 본다.

샬로트 어머, 당신은 정말 멋져요! 아니, 진정으로, 아직도 그렇게 잘 생기다니! 어떻게 그럴 수 있지요? 섭생비법²⁾이 뭐예요? 당신의 건 강유지 비법이 뭐냐구요? 그런데 당신의 체제는 뭐예요? 그렇게 유 지하기 위해 무엇을 하지요? . . . 나는 몰라요 . . . 그래서 . . . 정말, 나는 모르겠어요 . . . 그렇게 날씬하고, 그렇게 건강할 수가?

프레드 나는 깨끗하게 살아.

더글라스와 리즈가 그들과 합류한다.

---

2) 원어 'regime' 에는 '섭생비법' 과 '체제' 라는 두 가지 뜻이 있다. 핀터는 이 한 단 어를 가지고 문맥에 따라 의미를 다르게 사용한다.

샬로트 (더글라스에게) 당신도 그래요?

더글라스 뭐를요?

샬로트 프레드가 그러는데 자기는 매우 건강하고 매우 . . . 멋지대요
. . . 왜냐하면 깨끗하게 살기 때문이래요. 당신은 어때요?

더글라스 믿을 수 없을 정도로 깨끗하게 살지요. 그렇다고 잘생겨지지
는 않아요. 그런데 행복해지기는 해요.

리즈 그래요 그렇게 살면 행복해요. 정말 행복해요.

더글라스 잘생기지 않아도?

리즈 그런데 당신은 잘생겼어요. 당신은. 그렇지 않아요? 그이가. 당신
은 잘생겼어요. 그렇지 않아요?

더글라스가 자신의 팔로 그녀를 감싼다.

더글라스 우리들이 처음 결혼했을 때 방 두 개짜리 연립주택에서 살았
어요. 나는 — 솔직하게 말할게요 — 나는 순회 판매원, 외판원, 세
일즈맨이었어요 — 그것은 사실이에요, 그게 내 과거의 모습이에
요. 나는 그것을 부인하지 않아요 — 그래요 나는 순회 판매를 했어
요. 설마 그랬겠냐구요? 그래요, 나는 순회 판매를 했어요. 왜냐하
면 여기 나의 귀여운 아가씨가 쌍둥이를 낳았기 때문이죠.

그는 웃는다.

여러분들은 그것을 믿을 수 있어요? 쌍둥이라는 사실을. 나는 여러분들에게 말할 수 있어요, 내 밸을 다 빼버려야만 했다고. 하지만 여기 이 아가씨, 여기 이 귀여운 아가씨, 그녀가 무엇을 했는지 알아요? 그녀는 혼자서 그 쌍둥이를 돌보았어요! 하녀도 없이, 어떤 누구의 도움도 전혀 받지 않고. 그녀 혼자서 그것을 했어요 — 완전히 혼자서. 그리고 내가 순회 판매에서 돌아왔을 때 연립주택은 먼지 하나 없이 깨끗했어요. 쌍둥이는 목욕을 하고, 침대에서 요를 덮고, 깊이 잠들어 있었어요. 나의 아가씨는 아름답게 보였고 저녁 식사는 오븐 속에.

프레드가 박수를 친다.

우리들이 아직 함께 있는 건 바로 그 때문이죠.

그는 리즈의 뺨에 키스를 한다.

우리들이 아직 함께 있는 건 바로 그 때문이에요.

15

할로우와 스미스는 텅 빈 홀을 지나간다. 현관문은 닫혀 있다. 그들은 멈춘다. 복도를 바라본다. 그리고 나서 카메라에서 사라진다. 카메라가 그들을 쫓는다. 그리고 나서 천천히 현관문으로 다시 돌아온다. 현재 현관문이 조금 열려 있다. 그것을 통해 들어온 빛이 점점 강해진다. 빛이 점점 방안에서 사라진다.

16

테리, 더스티, 개빈, 멜리사, 프레드, 샬로트, 더글라스, 리즈, 샘, 파멜라, 에밀리, 수키, 할로우와 스미스.

테리 사실, 정말로 그것은 돈을 쓸 만한 가치가 있어요. 정말, 정말 보통 일이 아니에요. 돈에 대한 가치를 정말로 손에 쥔다는 것은 요즘에는 극히 드문 일이지요. 주머니에서 손을 빼면서 돈을 내놓으면 그 순간 어떤 서비스를 받게 될지 당신은 깨닫게 돼요. 그것은 금으로 도금된 것과 같은 서비스죠. 모든 부서로부터 금도금과 같은 서비스. 당신은 진짜 케이터링(음식물 조달)을 경험할 거예요. 최고 수준의 케이터링을. 그야말로 정말 훌륭한 케이터링 — 음, 음식, 그런 것 — 을 서비스 받을 거예요. 그리고 냅킨들도요 — 음, 정말, 멋진, 일류로 — 또한 예술적 케이터링이 여사님을 기다리지요 — 여사께서는 정말 분위기가 있으세요 — 이 클럽에서 — 고객들을 위해서 예술적으로 케이터링을 하니까요. 조명, 그림, 음악 등을 제공하고 있다는 말이죠. 진정으로 따뜻하고 조화로운 환경을 말하는 거예요. 우리 클럽에서 누구도 큰 목소리를 내지 않아요. 사람들은 천박하고 더럽고 기분 나쁜 짓들은 하지 않아요. 그런데 만약 그러면 그들의 불알을 발로 차 조용히 계단 밑으로 메어꽂아 버리죠.

멜리사 지금 방금 말한 모든 서비스를 받을 수 있을까요?

사이.

지금 방금 말한 모든 서비스를 받고 싶어요. 한마디만 할게요. 나는 내내 여러 테니스 클럽과 수영 클럽에 들었어요. 여러 테니스 클럽과 수영 클럽에. 그리고 그 클럽들에서 가장 귀중한 친구들을 처음 만났어요. 지금은 모두 죽었어요. 내가 사귀었던 모든 친구들이. 아니면 만났던. 죽었어요. 그들 한 사람 한 사람 모두. 한 명도 남지 않았어요. 아무 것도 남지 않았어요. 무엇을 위해 있는 거죠? 테니스 그리고 수영 클럽들은. 무엇을 위해 거기 있는 거예요? 무엇을?

침묵.

그런데 클럽들도 또한 사라졌어요 당연히 그렇게. 내가 말하려는 것은 구분해야 한다는 거예요. 내 친구들은 육체의 길을 갔고 그들이 돌아간 것을 후회하지 않아요. 그들은 어쨌든 내 친구들이 아니었으니까요. 그들 중 절반은 참을 수가 없었어요. 그런데 클럽들! 클럽들이 사라졌어요, 수영 클럽과 테니스 클럽들이 사라졌어요. 왜냐하면 그것들은 도덕적 토대가 없는 생각들, 도덕적 토대와 같은 것이 없는 생각들에 기초해 세워졌기 때문이었죠. 그러나 우리 클럽은, 우리 클럽은 — 내가 말을 해야지 — 흔들리지 않고, 엄격하고, 기본적이고, 일관된 도덕심, 도덕적 의식, 도덕적 가치들에 의해 힘을 얻은 그러한 것들에 영감을 받은 클럽이에요. 감사합니다.

박수.

17

전화가 울린다. 할로우가 전화를 든다.

할로우 네? 감사합니다.

그는 전화를 내려놓는다.

18

사람들이 그룹을 이룬다.

개빈 그래요, 여사께서 전부 말씀해 주셔서 정말 기뻐요.

할로우가 개빈에게 접근해 귀에 속삭인다. 개빈이 고개를 끄덕인다.
그리고 다른 사람들을 향한다.

그렇지 않습니까?

더글라스 일류예요.

리즈 매우 감동적이에요.

파멜라 정말 그래요!

테리 환상적이에요.

에밀리 사랑스러워요!

프레드 바로 그거예요.

수키 정확해요!

샬로트 정말 맞아요.

스미스 대단해요.

더스티 그래 맞아요.

그녀는 박수를 친다.

그래 맞아요.

샘 굉장해요.

더글라스 정말 일류예요.

개빈 그래요, 일류였어요. 열중해서 들을 필요가 있었어요. 그리고 그 사실을 오늘 밤 듣게 된 건 정말 근사했어요, 이처럼 재미있는 파티에서, 이렇게 마음 맞는 사람들끼리. 호스트로서 정말 기뻐서 말씀 드립니다. 어쨌든, 나도 정말 멋진 여러분들의 클럽에 들어야겠어요, 그래야 하지 않을까요?

테리 영감님은 즉석에서 회원으로 선출되었어요. 명예 회원이 되셨습니다. 오늘부로.

웃음과 박수 갈채.

개빈 정말 대단히 감사합니다. 자 우리 손님들 중 한둘이 오늘밤 여기로 오시는 길에 교통 문제 때문에 고생하신 걸로 알고 있습니다. 그 점에 대해 사과드립니다, 그런데 그러한 모든 문제들, 그것과 연관된 모든 문제들이 매우 신속하게 해결될 것이라는 것을 여러분 모두에게 약속합니다. 우리 사이니까 말씀드리는데, 오늘 저녁에 범인 검거가 있었습니다. 바로 이 범인 검거가 이제 막 끝나가려 합니다. 이제 곧 정상 서비스가 재개될 것입니다. 결국, 그게 우리들의 목표죠. 정상적인 서비스. 여러분들이 괜찮다면, 그것을 고집합니다. 우리들은 그것을 고집할 거예요. 우리들은 합니다. 우리들이 부탁하는 것은 그것뿐이에요. 이 나라가 제공하는 서비스는 정상적으로, 안전하고 합법적인 방향으로 행해질 것입니다, 그리고 일반 시민에게 평화로이 자신의 일과 여가를 추구하는 것을 허용할 것입니다. 여러분들 모두 오늘밤 여기 와주셔서 정말 감사합니다. 여러분들을 만난 것은 정말 좋았습니다, 정말 굉장했습니다.

여종업원들이 샴페인을 가지고 들어온다.
웃음. 떠들썩한 목소리들.

19

웃음은 계속된다. 시신들을 이동한다. 홀의 맨 끝에 현관문이 보인다. 문이 확 열린다. 빛이 방안으로 작열한다. 젊은 남자가 문틀에 서 있다. 그는 얇은 옷을 입고 있다.

카메라는 군중들을 지나 그를 향해 움직인다. 소리들이 사라진다.

지미 때때로 나는 사물들의 소리를 들어요. 그리고 나면 조용해져요.

나는 이름이 있었어요. 지미였어요. 사람들은 나를 지미라고 불렀어요. 그것이 나의 이름이었어요.

때때로 나는 사물들의 소리를 들어요. 그리고 나면 모든 것이 조용해져요. 모든 것이 조용해지면 나의 심장소리가 들려요. 너무 시끄러우면 아무 것도 듣지 못해요. 듣지 못해요. 숨도 쉬지 못해요. 보이지도 않아요.

그리고 나면 모든 것이 조용해져요. 내 심장박동 소리가 들려요. 그것은 어쩌면 내 심장박동 소리가 아닐지도 몰라요. 그것은 아마도 누군가의 심장박동 소리일 수도 있어요.

내가 누구죠?

때때로 문이 쾅 하고 닫혀요, 나는 목소리들을 들어요, 그리고 그게 멈춰요. 모든 것이 멈춰요. 모두 멈춰요. 모두 끝나요. 완료돼요, 닫혀요. 모두 닫혀요. 완전히 닫혀요. 닫혀요. 나는 어느 때건 더 이상 아무 것도 못 봐요. 밤을 빨아들이면서 나는 앉아 있어요.

그게 내가 가진 전부예요. 어두움이 나의 입 속에 있어요, 그리고 나는 그것을 빨아들여요. 그것이 내가 가진 유일한 것이에요. 그건 내꺼예요. 나 자신만의 것이에요. 나는 그것을 빨아들여요.

정 확 하 게

Precisely

....

『정확하게』는 런던 아폴로 극장에서
1983년 12월 18일 초연되었다.

캐스트

스티픈 ——————— 배리 포스터
로저　　 ——————— 마틴 자비스

연출　　 ——————— 해롤드 핀터

두 남자가 무언가를 마시면서 식탁에 앉아 있다.

침묵.

스티픈 우리들이 그 얘길 하고 또 하고 또 했어, 그랬지 않았어?

로저 물론 그랬어.

스티픈 또 하고 또 했지. 2천만. 그게 우리가 말했던 거야. 또 하고 또 했어. 그것은 사실로 뒷받침된 숫자야. 우리들은 숙제를 끝냈어. 2천만은 하나의 사실이야. 그 사람들이 3천만이라고 말하면 그들이 무슨 짓을 하는지를 내가 당신에게 정확히 말해주지 — 그들이 사실을 왜곡시키는 거지.

로저 중상모략하는 거지.

스티픈 맞아. 도대체 그들이 어떻게 알겠어?

로저 동감이야.

스티픈 우리가 알아냈는데.

로저 맞아.

스티픈 바로 그것 때문에 우리들이 돈을 받은 거야.

로저   게다가 지독히 많이 받았어.

스티픈   바로 그거야. 진짜 머리 쓰는 사람에게는 상당한 돈을 지불하지.

그들은 마신다.

3천만이라니! 내 말은 . . . !

로저   바로 그거야.

스티픈   자네에게 말할게. 나도, 윗분들도 더 이상 그 사실을 그냥 내버려두지 않을 거야. 로저, 그 사람들, 그 사람들이 국민들을 적극적이고 고의적으로 속이고 있어. 내가 말하려는 핵심을 이해해?

로저   그 개자식들을 벽에 세워 놓고 총살을 시키고 싶어.

스티픈   사실, 바로 그 문제를 의논하기 위해 내가 위원회를 구성하게 했지.

로저   정말? 잘했군.

그들은 마신다.

사실 . . . 나는 그들이 4천만이라고 이야기하는 것을 들은 적이 있어.

스티픈 뭐라고!

로저 그리고 그들 중 한둘은 . . . 심지어는 그 이상으로 생각하고 있어.

스티픈 무슨 말을 하고 있는 거야?

로저 어 . . . 당신도 알잖아 . . . 5천만 . . . 6천만 . . . 7천만 . . .

스티픈 그러면 거의 전체를 죽였단 말이잖아!

로저 나도 알아.

스티픈 그러면, 나는 파멸이야.

로저 지독히 뻔뻔해, 그렇지 않아, 스티픈?

스티픈 뻔뻔한 정도가 아니야, 로저.

로저 맞어.

　사이.

스티픈 우리가 이 사람들을 어떻게 처리할지 내가 제안하리라는 것을
　　자네는 알고 있지?

로저 뭐라고?

스티픈 그들을 목매단 후, 사지를 갈갈이 찢어버리라고 하려고 해. 나는 그들의 내장 색깔을 보고 싶어.

로저 이봐, 빨갱이 색깔일 거야.

스티픈 그렇고 말고.

그들은 마신다.

자네도 알다시피, 이 문제가 이중으로 힘들어지는 건 이 나라 국민들이 우리들 배후에 있다는 거지. 2천만이 희생됐기 때문에 그들은 우리들과 함께 갈 각오가 되어 있어. 그들은 정말 운이 좋아! 그들은 이 개자식들에게 어떤 일을 당하게 될까? 그리고 그들의 안전을 위협하고 약화시키려는 계획적 공격. 그리고 그들의 믿음까지.

로저는 마시고 나서 스티픈을 바로 본다.

로저 둘을 더 쓰게, 스티픈.

스티픈이 그를 뚫어져라 본다.

스티픈 둘을 더?

로저 2백만 더. 한 잔 더 살게. 한 잔에 둘 더.

스티픈 (천천히) 안 돼, 안 돼, 로저. 2천만이야. 죽은 게.

로저 정확하다는 뜻이야?

스티픈 죽었다는 뜻이지. 정확하게

　　사이.

　　자네가 그 숫자를 인정하길 바래.

　　사이.

　　그 숫자를 인정해.

　　그들은 서로를 뚫어져라 본다.

로저 죽은 사람이 2천만, 정확하게?

스티픈 정확하게.

새 로 운 세 계 질 서

The New World Order

....

『새로운 세계 질서』는 런던 로얄 극장 2층에서
1991년 7월 19일 초연되었다.

캐스트

데스 ——————————— 빌 페터슨
라이오늘 ——————————— 마이클 번
눈을 가린 사람 ——————— 더글라스 맥파란

연출 ——————————— 해롤드 핀터
디자이너 ——————————— 이안 맥네일
조명 ——————————— 케빈 슬립

의자에 눈을 가린 한 남자가 앉아 있다.

두 사내들(데스와 라이오늘)이 그를 쳐다보고 있다.

데스 이 사내에 대해 뭔가 알고 싶어?

라이오늘 뭐라고?

데스 저자는 우리가 자기에게 무슨 짓을 할지 전혀 생각도 못할 걸.

라이오늘 못하지, 못해.

데스 못하지, 그럼. 우리가 그에게 할 수 있는 여러 일들 가운데 한 가지 꿈도 꾸지 못할 걸.

라이오늘 우리가 그에게 어떻게 할지.

데스 우리들이 어떻게 할지.

사이.

좋아, 몇 가지. 우리가 몇 가지 본때를 보일 거야.

라이오늘 때때로 온갖 방법을 다 써볼 때도 있지.

데스 어쩌면 그게 별로 효과가 없을 수도 있어.

라이오늘 허튼 소리.

그들은 그 사내를 살펴본다. 그는 가만히 있다.

데스 하지만 어쨌든 그는 지금 여기 있어, 그는 지금 여기에 앉아 있어, 그런데 우리가 그에게 어떤 일을 할지 손톱만큼도 모르고 있어.

라이오늘 글쎄, 어쩌면 아주 막연하게 알고 있을지도 몰라.

데스 막연히 안다, 맞아. 어쩌면.

데스는 사내에게 몸을 수그린다.

그런가? 어떻게 생각해?

그는 몸을 똑바로 한다.

자, 이런 식으로 생각하자. 우리가 그에게 무슨 짓을 할 수 있을지, 실제 우리가 그에게 무슨 짓을 할지 거의 모른다고.

라이오늘 아니면 그의 마누라에게. 그의 마누라를 잊지 마. 우리가 그의 마누라에게도 무슨 짓이든 할 수 있다는 것을 그는 전혀 몰라.

데스 글쎄, 뭔가 알지도 모르지, 그는 아마도 뭔가 알고 있을 거야. 어쨌든, 그는 신문을 읽잖아.

라이오늘 어떤 신문?

사이.

데스 그 점에서는 당신이 맞아.

라이오늘 어쨌든 이 계집년은 누구야?
뭐하는 놈이지, 농부 – 게다가 신학 강사래나?

데스 저자는, 제기랄 신학 나부랭이는 농부래.

라이오늘 그래? 그의 마누라는?

데스 여자는 보통 신학적이지 않았어.

라이오늘 어, 글쎄. 나는 엄마와 – 꽤 자주 – 그 문제에 대해 얘기하곤
했었는데.

데스 무슨 문제?

라이오늘 아, 있잖아, 여성의 신학적 열망에 대해서.

사이.

데스 뭐라 말씀하셨는데?

라이오늘 엄마가 말했어 . . .

데스 뭐라고?

　　사이.

라이오늘 기억할 수 없어.

　　그는 의자에 앉아 있는 사내 쪽으로 돌아선다.

　　엄마를 범한 자.

데스 더러운 돼지 같은 놈.

　　그들은 걸상 주변을 걷는다.

라이오늘 내가 제일 실망스러워하는 것이 뭔지 알아?

데스 뭔데?

라이오늘 바로 우리를 둘러싸고 있는 무지의 정도. 내 말은, 여기 이 자식은 —

데스 좀 전에 자네는 그를 계집년이라고 불렀어.

라이오늘 뭐라고?

데스 자네가 저놈을 좀 전에 계집년이라고 불렀다구. 그런데 지금 자
네는 사내놈이라고 부르잖아. 내가 몇 번이나 말해야 하지? 저놈을
계집년라고 불렀으면 계속 계집년라고 불러야지. 한 번은 계집년
이라 부르고 한 번은 사내놈이라고 부르면 안 돼. 그 두 말은 서로
상반되니까. 언어 사용 토론 그룹에서, 그따위로 하면 자네는 망신
당할 거야, 내 충고를 들어.

라이오늘 맙소사. 그럴까?

데스 그렇고말고. 자네는 그런 식으로 하면 어떻게 되는지 알고 있어.
당신은 언어가 어떻게 작용하는지 알아.

라이오늘 그래, 알고 있어.

데스 그래, 자넨 물론 알아. 여기 이 사내를 봐, 예를 들어. 그는 최고의
본보기야. 내 말뜻 알겠어? 여기에 들어오기 전에 그는 속사포 같았
어, 입방아 찧는 것을 멈추지 않았지, 기존의 생각들에 대해 계속
문제제기를 했지. 지금 — 자신에게 무슨 일이 일어날지 불안하니
까 — 그 모든 짓거리를 그만뒀어, 더 이상 말할 것이 없겠지, 그는
그것을 한 시절이라고 불렀지. 한때라는 뜻이야. — 그리 오래 전은
아니야 — 이 사내는 신념의 사내였단 말이야, 그가 그렇지 않았어?
원칙의 사내. 지금 그는 그저 사내꼭지일 뿐이야.

라이오늘 아니면 계집년.

데스 그런데도 우리는 그를 끝장내지 못하고 있어. 손도 못 대고 있어.

라이오늘 그래, 우리들은 그를 끝장낸 적이 없어. 끝장을 못 내고 있어! 음, 손도 못 대고 있지.

데스 그리고 아직 그의 부인이 와야 해.

라이오늘 그래 맞아. 우리는 그를 끝장낸 적이 없어. 사실은 손도 못 대고 있어. 게다가 또한 우리는 그의 여편네도 끝장을 못 내고 있어.

데스 우리들은 손도 못 대고 있어.

라이오늘은 그의 손을 얼굴에 대고 흐느낀다.

데스 왜 우는 거지?

라이오늘 나는 그것을 사랑해. 나는 그것을 사랑해. 나는 그것을 사랑해.

그는 데스의 어깨를 잡는다.

자네에게 꼭 말을 해야겠어. 자네에게 꼭 말을 해야겠어. 말할 사람이 자네 외에 아무도 없거든.

데스 그래. 좋아. 계속해 봐. 뭐지? 말해 봐.

사이.

라이오늘 나는 정말 순수해.

사이.

데스 그래, 맞아. 자네 자신이 순수하다고 느낄 수 있어. 왠지 알아?

라이오늘 왜?

데스 왜냐하면 자네가 민주주의를 위해 세계를 늘 완벽하게 청소하니까.

그들은 서로의 눈 속을 들여다본다.

악수합시다.

데스는 라이오늘과 악수를 한다. 그리고 나서 의자에 앉아 있는 사내에게 그의 엄지손가락으로 죽인다는 표시를 한다.

자, 그는 . . . (자신의 시계를 본다.) . . . 약 35분 후면 . . . 그렇게 될 거야.

재 는 재 로

Ashes to Ashes

....

『재는 재로』는 런던 앰버서더 극장에서 로얄코트 시어터 극단에 의해
1996년 9월 12일에 초연되었다.

캐스트

데블린 ——————— 스티픈 리아
레베카 ——————— 린제이 던컨

연출 ——————— 해롤드 핀터
디자이너 ——————— 에일린 디스
조명 ——————— 미크 휴즈
의상 ——————— 톰 랜드
음향 ——————— 톰 리스먼

등장인물

데블린 ───────── 40대 남자
레베카 ───────── 40대 여자

때   ───────── 현재

시골 집.

1층 마루방. 커다란 창문.
저편에 정원.

두 개의 안락의자. 두 개의 램프.

초저녁. 여름.

연극이 진행되는 동안 방은 점점 어두워진다.
램프 빛이 더 강해진다.

연극의 마지막에 방과 저편의 정원이 희미하게 윤곽을 드러낸다.
램프 빛이 점점 매우 밝아지나 방은 더 이상 밝아지지 않는다.

데블린은 술을 마시며 서 있다. 레베카는 앉아 있다.

침묵.

레베카 그런데 . . . 예를 들면 . . . 나를 내려다보고 서서 그는 주먹을 쥐곤 했어. 그리고 그는 다른 손을 내 목에 갖다대고 내 목을 꼭 잡아 내 머리를 그에게 향하게 하곤 했어. 그의 주먹이 . . . 내 입에 가볍게 스쳤어. 그리고 그는 말하곤 했어, '내 주먹에 키스해' 라고.

데블린 그래서 그렇게 했어?

레베카 물론이지. 그이 주먹에 키스했어. 손가락 마디마디에. 그러자 그는 자기 손을 펴서 손바닥을 나한테 내밀었어 . . . 키스하라고 . . . 나는 키스했어.

사이.

그리고 나는 말하곤 했어.

데블린 뭐라고 했는데? 뭐라고 말했어? 당신이 뭐라고 말했어?

사이.

레베카 나는 말했어, '당신 손을 내 목에 갖다대' 하고. 그는 손에 키스하면서, 그 말을 중얼거렸어, 그런데 내 목소리를 들었어, 그의 손을 통해 내 목소리를 들었어, 그의 손이 내 목소리를 느꼈어, 내 목소리를 거기서 들었어.

침묵.

데블린 그런데 그가 그렇게 했어? 자기 손을 당신 목에 갖다댔어?

레베카 물론. 그는 그렇게 했지. 그렇게 했어. 그 다음 매우 부드럽게, 아주 부드럽게, 정말 부드럽게, 내 목을 잡았어. 그는 나를 흠모했거든, 당신도 알다시피.

데블린 그가 당신을 흠모했다구?

사이.

무슨 뜻이야, 그가 당신을 흠모했다니? 무슨 뜻이야?

사이.

그가 당신 목을 조금도 누르지 않았다고 말하려는 거야? 당신이 말하려는 것이 그거야?

레베카 아니.

데블린 그러면 뭐야? 무엇을 말하려는 거야?

레베카 그는 . . . 내 목을 . . . 약간 . . . 눌렀어, 그래. 그래서 내 머리가 뒤로 젖혀지기 시작했어, 천천히 그러나 마음에서 우러나서.

데블린 그리고 나서 당신의 몸은? 당신의 몸은 어떻게 됐어?

레베카 내 몸도 뒤로 젖혀졌어, 천천히 그러나 마음에서 우러나서.

데블린 그리고 당신 다리가 벌어졌어?

레베카 맞아.

데블린 당신의 다리가 벌어졌어?

레베카 맞아.

　침묵.

데블린 최면에 걸린 것 같아?

레베카 언제?

데블린 지금.

레베카 아니.

데블린 정말로?

레베카 정말.

데블린 왜 못 느끼지?

레베카 누가 걸었는데?

데블린 내가.

레베카 당신이?

데블린 어떻게 생각해?

레베카 바보 멍청이라고 생각해.

데블린 내가 바보 멍청이라고? 내가! 농담이겠지.

　　레베카, 미소짓는다.

레베카 내가 농담한다고? 농담이겠지.

　　사이.

데블린 내가 왜 당신한테 이런 질문들을 하는지 당신은 이해하지, 그렇지 않아? 입장을 바꿔 봐. 당신에게 질문을 할 수밖에 없어. 난 모르는 게 너무 많거든. 난 아무 것도 몰라 . . . 이 문제 중 어떤 것에 대해서도. 아무 것도. 나는 어둠 속에 있어. 나는 빛이 필요해. 내 질문들이 부당하다고 생각해?

사이.

레베카 어떤 질문들?

사이.

데블린 자. 당신이 그의 특징을 좀더 분명하게 말해 줄 수 있으면, 나에게 정말 도움이 될 텐데.

레베카 그의 특징을 말해 달라고? 특징을 말해 달라니, 무슨 뜻이야?

데블린 몸 생김새. 내 말뜻은 그가 정말 어떻게 생겼었냐는 거지. 내 말뜻을 당신이 알기만 한다면? 키, 덩치 . . . 그런 것. 키, 가슴둘레 같은 것 말이야. 내 말뜻은, 무엇이 되었던 간에 그의 . . . 기질 . . . 그의 성격 . . . 또는 정신 . . . 상태 등은 관심 없어 . . . 단지 원해 . . . 그에 대해 더 분명한 개념을 갖기를 . . . 음, 그게 필요해 . . . 음, 더 분명한 개념이 아니라 . . . 그저 개념, 사실 . . . 현재로는 . . . 그가 어떻게 생겼는지 . . . 조금도 모르거든. 내 말뜻은 그가 어떻게 생겼었냐지. 그의 모습, 그의 모습을 자세하게 말해 줄 수 없을까? 그의 구체적 모습을 원해, 당신도 알다시피 . . . 내가 간직할 수 있는 하나의 이미지. 내 말뜻은, 당신이 고작 말할 수 있는 거라고는 그의 손에 대한 것뿐이야, 한 손은 얼굴 위에, 다른 손은 목덜미에, 그리고 나서 첫 번째 손은 당신 목에. 물론 분명히 그는 손 이외에 많은 것들을 가지고 있을 거야. 눈은 어때? 눈도 있어?

레베카　어떤 색깔이냐구?

　　사이.

데블린　내가 묻고 있는 게 바로 그거야... 달링.

레베카　달링이라 불리다니 정말 어색해. 아무도 나를 달링이라고 부른 적이 없어. 내 애인 말고는.

데블린　믿어지지 않아.

레베카　믿어지지 않는다고, 뭐가?

데블린　그가 당신을 달링이라고 부른 적이 있었다는 것이 믿어지지 않아.

　　사이.

　　내가 그 말을 사용하는 게 당신은 부당하다고 생각해?

레베카 어떤 말?

데블린 달링.

레베카 맞아, 당신이 나를 달링이라고 불렀어. 정말 웃겨.

데블린 웃긴다고? 왜?

레베카 그런데, 당신이 어떻게 나를 달링이라고 부를 수 있어? 난 당신
　　　　의 애인이 아니야.

데블린 아니야 당신은 그래.

레베카 그런데 나는 당신 애인이 되고 싶지 않아. 진정 그러고 싶지 않
　　　　아. 나는 누구의 애인도 아니야.

데블린 그건 노래야.

레베카 뭐라고?

데블린 '나는 지금 누구의 베이비도 아니야.'

레베카 '당신은 지금 누구의 베이비도 아니야' 지. 그런데, 어쨌든, 나
　　　　는 베이비라는 말을 사용하지 않았어.

사이.

당신한테 그가 어떻게 생겼었는지 말해 줄 수 없어.

데블린 잊어 버렸어?

레베카 아니, 난 잊어 본 적이 없어. 하지만 요점은 그게 아니야. 어쨌든, 그는 몇 년 전에 가버렸어.

데블린 가버렸다고? 어디로 갔지?

레베카 직업 때문에 가버렸어. 그는 직업이 있었거든.

데블린 뭐였는데?

레베카 뭐라고?

데블린 어떤 종류의 직업이었냐구? 어떤 직업?

레베카 뭔가 여행 대리점과 관계가 있었어. 여행 안내원 같은 것이었어. 아니야. 아니야, 안내원은 아니었어. 안내원은 단지 파트 타임으로 했을 뿐이야. 내 말뜻은 안내원은 대리점 업무의 일부였을 뿐이라는 거지. 그는 지위가 꽤 높았어. 그는 중요직책을 맡고 있었어.

사이.

데블린 어떤 종류의 대리점이지?

레베카 여행 대리점.

데블린 어떤 종류의 여행 대리점인데?

레베카 그는 안내원이었어, 그래. 안내원.

데블린 관광 안내원?

　사이.

레베카 그 장소에 대해 내가 한 번이라도 말했었던가 . . . 그가 나를 그 장소로 데려갔던 때에 대해서?

데블린 어떤 장소인데?

레베카 내가 당신한테 틀림없이 말했어.

데블린 아니. 말했던 적이 없어.

레베카 말도 안 돼. 맹세할 수 있어. 당신한테 말했어.

데블린 어떤 것도 나한테 말한 적이 없어. 전에 그에 대해 당신은 한 번 도 말한 적이 없어. 나한테 어떤 것도 말한 적이 없어.

사이.

어떤 곳인데?

레베카 어, 그것은 공장 같은 거였어.

데블린 공장 같은 거라니 무슨 뜻이야? 공장이었다는 거야, 아니었다
는 거야? 공장이었다면 무슨 공장이었어?

레베카 응, 물건들을 만들었어 — 여느 다른 공장들처럼. 그런데 그것
은 보통 공장은 아니었어.

데블린 어째서 아니지?

레베카 그들은 모두 모자를 쓰고 있었거든 . . . 생산사원들 말이야 . . .
천으로 된 모자를 . . . 그리고 그가 나를 안내하러 들어서자 생산사
원들이 줄지어 서 있었어. 사원들 사이로 그가 나를 안내하자, 그들
이 모두 모자를 벗었어.

데블린 그들이 모자를 벗었다고? 당신 말은 그들이 정말 모자를 벗었
다는 거야?

레베카 그래.

데블린 왜 그들이 그렇게 했지?

레베카 나중에 그가 나에게 말했는데 그들이 자기에게 엄청난 존경심을 갖고 있기 때문이래.

데블린 무엇 때문에?

레베카 빈틈없이 꼼꼼하게 관리했기 때문이래, 그가 그랬어. 그들은 그를 완전히 믿었대. 그의 . . . 순수함, 그의 . . . 신념을 그들은 존경했대. 그들에게 명령하기만 하면, 낭떠러지에서 뛰어내려 바닷속까지라도 그를 쫓아갈 거라고 말했어. 그리고 그가 그들을 앞장서서 인도할 때는, 늘 합창을 했대. 그들은 실제로 정말 음악적이라고, 그가 말했어.

데블린 그들이 당신을 어떻게 대했어?

레베카 나를? 어, 그들은 사랑스러웠어. 그들에게 방긋 웃어 주었지. 그러자 즉각 한 사람 한 사람 모두가 나에게 방긋 웃었어.

사이.

단 한 가지 어려웠던 점은 — 장소가 매우 습했다는 거야. 지나치게 습기가 많았어.

데블린 그리고 그들은 날씨에 맞게 옷을 입지 않았었지?

레베카 맞아.

사이.

데블린 여행 대리점에서 그가 일했다고 당신이 말했던 것 같은데?

레베카 그리고 또 한 가지 문제가 있었어. 화장실에 가고 싶었어. 그런데 도대체 찾을 수 없었어. 여기저기 다 찾아보았어. 분명히 한 군데는 있었을 텐데. 그런데 정말로 찾지 못했어.

사이.

그는 여행 대리점에서 일했어. 그는 안내원이었어. 그는 국철 기차역의 플랫폼에서 소리를 질러대는 어머니들의 품에서 아기들을 잡아채 빼앗았지.

사이.

데블린 그가 그랬어?

침묵.

레베카 그런데, 나는 정말 마음이 산란해.

데블린 당신이? 왜?

레베카 어, 한 1,2 분 전에 들었던 경찰 사이렌 때문이야.

데블린 웬 경찰 사이렌?

레베카 듣지 못했어? 틀림없이 들었을 텐데. 바로 1,2분 전에.

데블린 사이렌이 어때서?

레베카 응, 그저 마음이 산란해져.

　　　사이.

　　　그저 믿을 수 없을 정도로 산란해져.

　　　사이.

　　　왜 그런지 당신은 알고 싶지 않아? 글쎄, 어쨌든 당신한테 이야기할게. 당신한테 말할 수 없다면 누구에게 할 수 있겠어? 좋아, 당신한테 어쨌든 이야기할게. 그 소리는 나에게 심하게 타격을 줘. 음 . . . 사이렌이 내 귀에서 멀어지면 멀어질수록 어떤 다른 사람에게 더욱 크게 들리게 된다는 것을 발견했어.

데블린 언제든지 어딘가에서 누군가가 사이렌 소리를 반드시 듣게 마련이라는 거야? 그런 말이야?

레베카 맞아. 반드시. 언제나.

데블린 그것 때문에 당신이 안전하다고 느낀다는 거야?

레베카 아니! 위험하다고 느낀다는 거야! 지독히 위험하다고.

데블린 왜?

레베카 나는 그게 사라지는 게 싫거든. 그게 울리면서 사라지는 게 싫
단 말이야. 그게 나를 떠나는 게 싫어. 그것을 잃어 버리는 게 싫어.
어떤 누군가가 그것을 소유하는 게 싫어. 항상 그게 내 것이었으면
해. 정말 아름다운 소리야. 그렇게 생각 안 해?

데블린 걱정하지 마, 또다른 사이렌이 울릴 테니까. 지금 당신에게 오
는 도중에 있을 거야. 나를 믿어. 당신은 곧 다시 듣게 될 거야. 지
금 당장이라도.

레베카 그럴까?

데블린 물론. 그들은 정말 바쁜 사람들이야, 경찰들 말이야. 그들은 해
야 할 게 너무 많아. 그들이 돌봐야 할 것, 감시해야 할 것들이 정말
많지. 그들은 계속해서 신호를 받아, 대부분 코드로. 사이렌을 울리
면서 자신들의 경찰차로, 한순간도 쉬지 않고 세계의 이곳 저곳을
단속하며 돌아다니지. 그래서 적어도, 그러한 사실에서 당신은 위
안을 받을 수 있어. 그럴 수 없어? 당신은 결코 다시는 외롭지 않을

거야. 당신이 경찰 사이렌 소리를 듣지 못하는 일은 결코 없을 거야. 약속할게.

사이.

들어봐. 당신이 방금 이야기하고 있었던 녀석 . . . 당신하고 내가 이야기를 하고 있었던 녀석 말이야 . . . 말하자면 . . . 정확하게 언제 만났어? 이 모든 것이 정확하게 언제 일어났냐구? 나는 한 번도 . . . 어떻게 말하지 . . . 그것에 초점을 맞춘 적이 없었어. 당신이 나를 알기 전의 일이었어 아니면 후의 일이었어? 그것은 상당히 중요한 질문이야. 당신은 그것을 분명히 감지할 거야.

레베카 그런데, 당신한테 무언가 말하고 싶어 죽을 지경이야.

데블린 뭔데?

레베카 내가 유의사항을 쓰고 있을 때였어, 세탁을 위한 몇 가지 유의사항들을 . . . 까놓고 말하자면 . . . 세탁 리스트였어. 글쎄, 작은 커피 테이블에 놓았던 내 펜이 굴러 떨어졌어.

데블린 설마?

레베카 그게 굴러 떨어졌어, 카펫으로. 내 눈앞에서.

데블린 맙소사.

레베카 바로 이 펜, 완벽하게 순결한 바로 이 펜이.

데블린 그것이 순결한지 당신은 알 수 없어.

레베카 어째서지?

데블린 그게 어디 있었었는지를 당신은 모르니까. 당신 이외에 얼마나 많은 사람들이 그것을 손에 잡았었는지, 그것을 가지고 썼는지, 그 것을 가지고 무엇을 했는지를 모르잖아. 그것의 유래에 대해 아는 것이 없잖아. 그것의 부모에 대해서도 당신은 아무 것도 몰라.

레베카 펜은 부모가 없어.

　사이.

데블린 당신은 거기에 앉아 그런 식으로 말할 수 없어.

레베카 나는 여기에 앉을 수 있어.

데블린 당신은 거기에 앉아 그런 식으로 말할 수 없어.

레베카 내가 여기 앉을 자격이 있다고 당신은 믿지 않는다구? 이 의자 에 내가 앉을 자격이 있다고 당신은 생각하지 않는다구, 내가 살고 있는 곳인데도?

데블린 당신은 그 의자 아니면 어떤 다른 의자에 앉아서도 그런 것들을 말할 자격이 없다고 얘기하는 중이야. 그리고 당신이 여기 살든 안 살든 그건 문제가 되지 않아.

레베카 내가 어떤 것들을 말할 자격이 없다는 거지?

데블린 그 펜이 순결했었다는 그런 말.

레베카 당신은 그게 죄를 졌다고 생각해?

   침묵.

데블린 나는 당신을 고리에서 빼버릴 거야. 눈치챘어? 나는 당신을 미끄러지게 내버려둘 거야. 어쩌면 미끄러지는 것은 나일지도 몰라. 매우 위험해. 눈치챘어? 나는 유사 속에 빠진 상태야.

레베카 신처럼.

데블린 신이라니? 신이라니? 당신은 신이 유사 속에 빠질 수 있다고 생각해? 그게 바로 소위 정말 혐오스러운 지각작용이라는 거지. 지각작용이라는 단어로 그것이 위엄을 지닐 수 있다면. 신에 대해 어떻게 말할지를 신경 좀 써. 그분은 우리가 모시는 유일신이거든. 우리가 신을 떠나 보내면 다시 돌아오지 않을 거야. 그분은 어깨 너머로도 돌아보지 않을 거야. 그리고 나면 당신은 어떻게 할래? 그게 어떤 건지 알아, 그런 진공상태? 그건 웹블리에서 영국이 브라질과 경

기하는 것과 같을 거야. 스타디움에는 개미 한 마리 없이. 상상할
수 있어? 관객 하나 없이 전반전 후반전을 치르는 것 말이야. 세기
의 경기지. 절대적 침묵. 단 한 사람도 구경하지 않는. 절대적 침묵.
심판의 호각소리와 상당히 지독한 욕지거리와 비아냥거림 외에는.
당신이 신을 외면한다면 그것은 그 위대하고 고상한 축구경기가
영원한 망각으로 빠져들게 된다는 것을 의미해. 연장전, 또 연장전,
그리고 또 연장전 후에도 점수를 내지 못하고, 영원한 시간 속에서,
끝없는 시간 속에서 점수를 내지 못하고. 부재. 교착상태. 마비. 승
자 없는 세계.

사이.

당신이 이해하기를 바래.

사이.

자, 내 말 좀 들어봐. 바로 얼마 전에 당신은 . . . 말할까 . . . 다소
삐딱하게 이야기한 적이 있었지, 당신 남자에 대해 . . . 당신 애인
에 대해? . . . 그리고 아기들과 엄마들 등등에 대해. 그리고 플랫폼
들. 나는 당신이 뭔가 잔악한 행위에 대해 이야기하고 있지 않나 생
각했어. 자, 당신에게 이것만 묻고 싶어. 당신은 어떤 권한으로 그
런 식의 잔악함에 대해 논의를 하는 거지?

레베카 그런 식의 자격은 없어. 아무 일도 나에게 일어나지 않았어. 아
무 일도 내 친구들 중 어느 누구에게도 일어난 적이 없어. 나는 한

번도 고통을 겪은 적이 없어. 내 친구들도 겪은 적이 없어.

데블린 좋아.

사이.

좀더 까놓고 이야기해 볼까? 좀더 사사로운 문제들에 대해 이야기 하자구, 좀더 개인적인 문제 말이야. 당신이 직접 겪은 경험들에 대해서 말이야. 예를 들어서, 미용사가 당신 머리를 손으로 잡고 부드럽게 감기면서, 두피를 맛사지하기 시작할 때, 그가 그렇게 할 때, 당신은 눈을 감고 있지, 그가 그것을 할 때, 당신은 완전히 그를 믿지, 그렇지 않아? 그가 손에 잡고 있는 것은 당신 머리가 아니야, 그렇지, 당신 목숨이야, 당신의 정신적 . . . 평화야.

사이.

그래, 당신도 알잖아. 내가 알기를 원했던 것이 이것이었다는 것을 . . . 당신 애인이 손을 당신의 목에 갖다댔을 때, 미용사를 생각했어?

사이.

나는 당신의 애인에 대해 말하고 있는 중이야. 당신을 살해하려 했던 그 사람 말이야.

레베카 나를 살해하려 했다고?

데블린 당신을 죽이려고 했지.

레베카 아니야, 그렇지 않아. 그는 나를 살해하려 하지 않았어. 그는 나를 살해할 마음이 전혀 없었어.

데블린 당신의 호흡이 곤란하게 그가 목을 졸랐어. 거의 그럴 뻔했어. 당신 설명에 따르면. 그가 그러지 않았어?

레베카 아니야, 그렇지 않아. 그는 나에게 연민을 느꼈어. 그는 나를 흠모했어.

  사이.

데블린 그 작자는 이름이 있었어? 그는 외국인이었어? 그때 나는 어디에 있었지? 당신은 내가 무엇을 이해해 주기를 바래? 당신은 나에게 충실하지 않았지? 당신은 왜 나를 믿지 않았어? 왜 당신은 고백하지 않았어? 훨씬 더 기분이 나았을 텐데. 솔직하게. 당신은 나를 신부님처럼 대할 수 있었을 거야. 나를 격려할 수도 있었을지 모르지. 나는 항상 격려받기를 원했거든. 그게 내 평생의 소원 중 하나였어. 이제 나는 호기를 놓쳤어. 당신을 만나기 전에 이 모든 일이 일어나지 않은 이상, 그렇다면 당신은 나에게 아무 것도 말할 의무는 없어. 당신의 과거는 내 일이 아니거든. 나는 당신한테 내 과거를 말할 거라고 꿈도 꾸지 않을 거야. 내가 과거를 가졌다는 것이 아니고, 학문에 정진할 때, 우스꽝스러운 현실들, 음, 계집애들, 그런 것 따위로 방해받을 수는 없어. 그런데 마음은 다른 데 가 있어. 여자 집주인이 세심한가, 밤 11시 이후에 베이컨과 계란을 가지고 올라올 수 있나, 침대는 따뜻하나, 해가 제대로 떠오르나, 국이 차가운가? 차가운 달빛 속에서 단 한 번이라면 누군가의 엉덩이가 아니라 하녀의 엉덩이를 들썩거리게 할 수 있지. 그런데 물론 그건 부인이 있으면 해당사항이 없지. 마누라가 있을 때는 생각, 의도, 행동 등에 가야 할 방향이 있거든. 무슨 뜻이냐 하면, 결코 진짜 사나이가 되려고 하지 말라는 거지. 제기랄 진짜 사나이, 그것이 항상 내 모토였어. 진짜 사나이란 바람이 어떻게 불어도 날씨가 어떻더라도 머리를 숙이고 계속 전진해 결국에는 거기에 도착하는 사나이를 말하지. 용기있고 근면한 사나이.

사이.

어떤 것에도 개의치 않는 사나이.
융통성이 없을 정도로 의무감에 사로잡힌 사나이.

사이.

바로 말한 두 말은 서로 상치되지 않아. 나를 믿어.

사이.

내 논쟁의 요지를 이해해?

레베카 물론이지, 당신한테 잊어먹고 말 안 한 게 있어. 웃겼어. 한여름 도르셋의 그 집에서, 정원 창문에서, 내다보았지, 창문에서 정원을. 당신 기억해? 이런, 당신은 거기 없었어. 다른 누구도 거기에 있었던 것 같지 않아. 그래. 완전히 나 혼자였어. 나 홀로 있었어. 나는 창문을 내다보고 있었지. 한 떼의 사람들이 모두 숲 속으로 걸어가고 있는 것을 보았어, 그들은 바다를 향하여, 바다로 내려가는 도중이었어. 그들은 매우 추워 보였어, 코트를 입고 있었지, 그렇게 날씨가 아름다운 날이었는데도. 도르셋의 아름답고, 따뜻한 날. 그들은 가방을 들고 있었어. 그들을 안내하면서, 그들을 인도하는 . . . 안내원들이 . . . 있었어. 그들은 숲 속을 통해서 걸어 갔어. 나는 멀리서 그들이 절벽을 가로질러 바다로 내려가는 것을 볼 수 있었어. 그리고 나서 그들이 눈앞에서 사라졌어. 정말 너무 알고 싶어서 이층으로 갔어. 집에서 가장 높은 창문으로 가서 나무 꼭대기 위 너머 저쪽을 보았더니 해변가까지 보였어. 안내원들이 . . . 해변가를 가로질러 이 모든 사람들을 인도하고 있었어. 정말 아름다운 날이었어. 정말 조용했어. 해가 비추고 있었지. 모든 사람들이 바닷속으로 걸어 들어가는 것을 보았어. 밀려오는 바닷물이 천천히 그들을 덮쳤어. 그들의 가방들이 파도의 너울거림 속에서 여기저기 흔들거리며 떠다녔어.

데블린 그게 언제였어? 당신이 도르셋에서 언제 살았어? 나는 한 번도 도르셋에서 산 적이 없는데.

사이.

레베카 어 그런데 누군가가 저번 날에 나에게 소위 정신 상피병으로
알려진 병이 있다고 말했어.

데블린 '누군가가 말했다'고 했는데 무슨 뜻이지? '저번 날'이라고 한
것은 무슨 뜻이고? 당신은 무엇에 대해 이야기하는 거지?

레베카 정신 상피병에 걸리면, 예를 들어, 그래이비 1온스를 쏟으면,
그것이 곧 퍼져서 광막한 그래이비 바다를 이룬다고 생각한대. 그
게 그래이비 바다가 되어 당신 사방을 둘러싸면 광대한 그래이비
바닷속에서 당신은 숨막히는 걸 느낀대. 끔찍해. 하지만 그것은 전
부 당신 자신의 잘못이야. 당신 때문에 그러한 일이 벌어졌으니까.
당신은 그것의 희생물이 아니라, 원인이야. 왜냐하면 첫째 그래이
비를 쏟았던 것은 당신이었으니까. 보따리를 넘겨주었던 사람도
당신이었고.

사이.

데블린 뭐라고?

레베카 보따리.

사이.

데블린 그래서 문제가 뭐지? 당신이 그래이비에 빠질 준비가 되어 있
다는 거야? 아니면 당신의 조국을 위해서 죽을 준비가 되어 있다는

거야? 자. 뭐라고 말할래, 자기? 밖으로 나가서 시내까지 운전해 영화를 보는 게 어때?

레베카 그거 재미있는데, 꿈에서 어디선가 . . . 오래 전에 . . . 누군가 나를 자기라고 부르는 소리를 들었어.

사이.

나는 쳐다봤지. 나는 꿈을 꾸고 있었어. 내가 꿈에서 쳐다보았는지 또는 눈을 떴는지 알 수 없어. 그러나 분명히 꿈에서 어떤 목소리가 부르고 있었어. 그것은 확실해. 바로 이 목소리가 나를 부르고 있었어. 나를 자기라고 부르고 있었어.

사이.

맞아.

사이.

나는 얼어붙은 도시를 나다녔어. 심지어는 진흙까지도 얼었어. 그리고 눈은 묘한 색깔이었어. 그건 하얗지 않았어. 글쎄, 하얗지만 하얀 색에 다른 색깔들이 있었어. 그것을 통해 혈관에 퍼져 있는 것 같았어. 그리고 눈이 미끄럽듯이, 눈이 당연히 미끄럽듯이, 미끄럽지 않았어. 그것은 울퉁불퉁했어. 내가 정거장에 도착했을 때 기차를 보았어. 다른 사람들이 거기 있었어.

사이.

그리고 나의 제일 친한 친구, 내 마음을 주었었던 그 사람, 내가 알
았던 그 사람은 만난 순간부터 나의 사람이었어, 나의 정다운 사람,
나의 가장 귀중한 동료였어, 나는 그가 플랫폼에서 걸어가는 것을
보았고 소리를 질러대는 엄마의 품에서 아기들을 잡아채 빼앗는
것을 보았어.

침묵.

데블린   당신은 킴과 아이들을 보았어?

그녀는 그를 쳐다본다.

당신은 오늘 킴과 아들을 만난다고 했잖아.

그녀는 그를 응시한다.

당신 여동생 킴과 아이들 말이야.

레베카   아, 킴! 그리고 아이들, 맞아. 맞아. 맞아, 물론 나는 걔네들을
만났어. 나는 걔네들과 차를 마셨어. 내가 말하지 않았어?

데블린   아니.

레베카 물론 걔네들을 만났어.

　사이.

데블린 아이들은 어때?

레베카 벤이 말을 해.

데블린 정말? 뭐라고 말했는데?

레베카 어, '내 이름은 벤이야' 그런 말들. 그런 말들 말이야.
　　그리구 '엄마의 이름은 엄마'. 그런 말들.

데블린 베씨는 어때?

레베카 기어다녀.

데블린 정말, 그럴 리가?

레베카 눈 깜짝할 사이에 걸을 거야. 정말 그럴 거야.

데블린 아마 말도 하겠지. '내 이름은 베씨야' 같은 말들 말이야.

레베카 맞아, 물론 그들을 만났어. 그들과 차도 마셨어. 그런데 오 . . .
　　내 불쌍한 여동생 . . . 걔는 어찌할 바를 몰라.

데블린 무슨 소리야?

레베카 글쎄, 그가 돌아오고 싶어한대 . . . 음 . . . 계속 전화하면서 자기를 받아달라고 동생에게 계속 애걸복걸한대. 헤어지는 것을 참을 수 없다고 한대, 상대방을 포기했다고 하구, 정말 혼자 살고 있고, 상대방을 포기했대.

데블린 그가?

레베카 그렇다고 그러던데. 아이들이 그립다고 한대.

　　사이.

데블린 부인도 그립대?

레베카 상대방을 포기했대. 심각한 적이 한 번도 없었다고 그런대, 당신도 알잖아, 섹스가 다였대.

데블린 아이구.

　　사이.

　　그럼 킴은?

　　사이.

그럼 킴은?

레베카   결코 안 받아줄 거래. 결코. 다시는 그와 절대로 잠자리를 안
할 거래. 결코. 영원히.

데블린   어째서지?

레베카   영원히 결코.

데블린   그런데 어째서지?

레베카   물론 나는 킴과 아이들을 만났어. 그들과 차를 마셨지. 왜 물었
어? 그들을 만나지 않았다고 생각했어?

데블린   응. 나는 몰랐어. 당신은 걔네들과 차를 마실 거라고 말만 했
잖아.

레베카   그래, 걔네들과 차를 마셨어! 왜 그러면 안 되지? 걔는 내 동생
인데.

사이.

차를 마신 후에 내가 어디 갔었는지 맞춰 볼래? 극장에. 영화를 봤
어.

데블린 그래? 뭘 봤어?

레베카 코미디.

데블린 어 그래? 재미있었어? 당신 웃었어?

레베카 다른 사람들은 웃었어. 다른 관객들은. 웃겼거든.

데블린 그런데 당신은 웃지 않았어?

레베카 다른 사람들은 웃었어. 코미디였어. 한 여자아이와 . . . 음 . . . 그리고 한 남자가 있었어. 근사한 뉴욕의 식당에서 점심을 먹고 있었지. 그 남자가 그녀를 방긋 웃게 했어.

데블린 어떻게?

레베카 음 . . . 그녀에게 농담했거든.

데블린 어, 알겠어.

레베카 그리고 다음 장면에서 그는 그녀를 트레일러에 태우고 사막 탐험에 데리고 갔어. 그런데, 그녀는 전에 사막에서 살아본 적이 없었어. 사는 법을 배웠어야 했어.

사이.

데블린 정말 재미있게 들리는데.

레베카 그런데 오른쪽 내 앞에 어떤 남자가 앉아 있었어. 그는 영화를 보는 동안 정말로 조용했어. 한 번도 움직이지 않았어, 시체처럼, 빳빳이 있었어. 한 번도 웃지 않았어, 시체처럼 그저 앉아 있었어. 그래서 그에게서 멀리 자리를 옮겼어, 떨어질 수 있는 만큼 그에게서 멀리 자리를 옮겼어.

침묵.

데블린 자 봐, 다시 시작하자. 우리들은 여기서 살아. 당신은 살지 않아 . . . 도르셋에서 . . . 또는 다른 어느 곳에서도. 당신은 나와 함께 여기서 살아. 이곳은 우리집이야. 당신에게는 매우 멋진 여동생이 있어. 그녀는 당신 가까이에 살아. 그녀에게는 예쁜 두 아이들이 있어. 당신은 그 아이들의 이모야. 당신은 그것을 좋아해.

사이.

당신은 근사한 정원을 가지고 있어. 당신은 정원을 사랑해. 당신 혼자서 그것을 만들었어. 당신은 정말 식물을 잘 기르는 기술이 있어. 그리고 손가락도 아름다워.

사이.

내가 뭐라고 말했는지 들었어? 내가 막 당신을 칭찬했어. 사실 당신

칭찬을 많이 해왔어. 다시 시작하자.

레베카 우리가 다시 시작할 수 있다고 생각하지 않아. 우리들은 시작 했어 . . . 오래 전에. 우리들은 시작했어. 다시 시작할 수 없어. 우 리들은 다시 끝낼 수는 있어.

데블린 그런데 우리들은 한 번도 끝낸 적이 없어.

레베카 어, 끝낸 적이 있어. 끝내고 또 끝내고 또. 그리고 우리들은 또 끝낼 수 있어. 그리고 또 그리고 또. 그리고 또.

데블린 '끝내다' 라는 단어를 잘못 사용하고 있는 것 아니야? 끝은 끝 낸다는 것을 의미해. '또' 끝낼 수는 없어. 당신은 한 번 끝낼 수 있 을 뿐이야.

레베카 그렇지 않아. 당신은 한 번 끝을 낼 수 있어. 그리고 나서 또 끝 낼 수 있어.

침묵.

(살며시 노래를 부르면서) '재는 재로' —

데블린 '그리고 먼지는 먼지로' —

레베카 '만약 그 여자들이 당신을 이해 못한다 해도' —

데블린 '술은 알아줄 거야.'

사이.

당신이 나를 사랑했다는 것을 항상 알고 있었어.

레베카 어떻게?

데블린 우리들은 같은 선율을 좋아하니까.

침묵.

들어봐.

사이.

왜 당신은 전에 당신의 애인에 대해 한 번도 말한 적이 없었지? 나는 정말 크게 화를 낼 수 있어. 그걸 알고 있어? 정말로 크게 화낼 수 있다는 걸. 그걸 당신은 이해해?

침묵.

레베카 어, 그런데 내가 당신에게 말하려고 했던 중요한 게 있어. 나는 도시 한가운데 매우 높은 건물의 맨 꼭대기 방에 서 있었어. 하늘은 온통 별들로 가득 찼어. 커튼을 닫으려고 했어. 그러다 나는 별들을 쳐다보면서 잠시 창가에 머물렀어. 그리고 나서 내려다봤어. 한 노인네와 한 어린 남자애가 거리를 걸어가는 걸 봤어. 그들은 둘 다 가방을 끌고 있었어. 어린 남자애의 가방은 자기 몸보다도 더 컸어. 매우 밝은 밤이었어. 별들 때문에. 그 노인과 그 어린 남자애는 길 거리를 걸어가고 있었어. 그들은 짐을 들지 않은 채 서로 손을 잡고 있었어. 나는 그들이 어디로 가고 있는지 궁금했어. 어쨌든, 나는 커튼을 치려고 했어. 그런데 그때 갑자기 한 여인이 품에 아기를 안 고 그들을 쫓아가는 걸 봤어.

사이.

길거리가 얼음으로 덮였다고 당신한테 말했어? 얼음으로 덮여 있 었어. 그래서 그녀는 매우 조심스럽게 걸었어야 했어. 울퉁불퉁한 곳을 건너뛰면서. 별들이 다 사라졌어. 그 남자와 남자애가 모퉁이 를 돌아 사라질 때까지 그녀는 쫓아갔어.

사이.

그녀는 가만히 섰어. 아기에게 입맞춤을 했어. 아기는 여자애였어.

사이.

그녀는 여자 아기에게 입맞춤을 했어.

그녀는 아기의 심장박동 소리에 귀를 기울였어. 아기의 심장은 뛰고 있었어.

방에 빛이 어두워진다. 등잔불은 매우 밝다.

레베카가 매우 조용히 앉아 있다.

아기는 숨을 쉬고 있었어.

사이.

나는 여자 아기를 꼭 안았어. 아기는 숨을 쉬고 있었어. 아기의 심
장은 뛰고 있었어.

데블린이 그녀에게로 간다. 그는 그녀 위에 서서 그녀를 내려다본다.
그는 주먹을 쥐고 그녀의 얼굴 앞에 주먹을 내민다.
그는 자신의 왼손을 그녀의 목 뒤에 갖다대고 목을 잡는다. 자신의 주
먹 쪽으로 그녀의 머리를 당긴다. 그의 주먹이 그녀의 입에 닿는다.

데블린 내 주먹에 입맞춤을 해.

그녀는 움직이지 않는다.

그는 자신의 손을 펴서 손바닥을 그녀의 입에 갖다댄다.

그녀는 움직이지 않는다.

데블린　말해. 이렇게 말해. '당신 손을 나의 목에 갖다대' 라고.

　그녀는 말을 하지 않는다.

　나한테 내 손을 당신 목에 갖다대라고 부탁해.

　그녀는 말도 하지 않고 움직이지도 않는다.

　그는 자신의 손을 그녀의 목에 갖다댄다. 그는 부드럽게 누른다. 그녀의 머리가 뒤로 넘어간다.

　그들은 가만히 있다.

　그녀는 말한다. 메아리가 울린다. 그는 쥐었던 주먹을 푼다.

레베카　그들은 우리들을 데리고 갔어, 기차로.

메아리　기차로

　그는 그녀의 목에서 손을 뗀다.

레베카　그들은 빼앗아 가려고 했어 아기들을.

메아리　아기들을

사이.

레베카 나는 아기를 잡고 내 솔에 쌌어.

메아리 솔에 쌌어

레베카 그래서 그것을 보따리로 만들었어.

메아리 보따리로 만들었어

레베카 그리고 그것을 내 왼쪽 팔 밑에 꼈어.

메아리 내 왼쪽 팔 밑에 꼈어

사이.

레베카 그리고 감쪽같이 내 아기를 숨겼어.

메아리 내 아기를 숨겼어

사이.

레베카 그런데 아기가 크게 울었어.

메아리 크게 울었어

레베카 그러자 그 사내가 나를 다시 불렀어.

메아리 나를 다시 불렀어

레베카 그리고 물었어, 거기에 무엇이 있느냐고.

메아리 거기에 무엇이 있느냐고

레베카 그는 손을 내밀었어, 보따리를 달라고.

메아리 보따리를 달라고

레베카 그래서 나는 그에게 줬어, 보따리를.

메아리 보따리를

레베카 그게 내가 가졌던 마지막 순간이었어, 보따리를.

메아리 보따리를

　　침묵.

레베카 그리고 우리들은 기차를 탔어.

메아리 기차를 탔어

레베카　그리고 우리들은 도착했어, 이곳에.

메아리　이곳에

레베카　그리고 한 여인을 만났어, 내가 알았던.

메아리　내가 알았던

레베카　그리고 그녀가 무슨 일이 벌어졌냐고 물었어, 아기에게.

메아리　아기에게.

레베카　어디 있니, 아기는.

메아리　아기는

레베카　그래서 나는 물었어, 무슨 아기냐고.

메아리　무슨 아기냐고

레베카　내게는 없어, 아기가.

메아리　아기가

레베카　나는 아는 게 없어, 어떤 아기에 대해서도.

메아리   어떤 아기에 대해서도

　사이.

레베카   어떤 아기에 대해서도 나는 아는 게 없어

　긴 침묵.

　암전.

작품 해설

핀터 전집 제9권에 수록된 작품들은 1991년에 발표된 19개의 장면으로 이루어진 영화각본이면서 동시에 무대를 위한 회곡작품들로『파티타임』, 같은 해에 발표된 스케치인『새로운 세계 질서』, 『정확하게』, 그리고 1993년에 발표된, 1977년『배신』이후 16년 만에 쓴 장막극『달빛』, 그리고 1996년에 발표된『재는 재로』이다.

1977년에『배신』(Betrayal)을 발표한 이후 핀터는 더 이상 자신의 정치적 관심을 섭텍스트에 머물게 하지 않고 텍스트로 끌어올린다. 핀터는 1984년에『마지막 한 잔』, 그리고 4년 후에 발표된『산골 사투리』를 통해 이와 같은 방향전환을 분명히 한다. 이러한 면모는 1991년 10월 알메이다에서 초연한『파티타임』에서 그리고 같은 해에 발표된 짧은 스케치『새로운 세계질서』까지 지속된다.

『파티타임』에서는 사회적 질서라는 명분과 '유능한' 정부의 이름으로 저질러지는 범죄들에 대해 무관심하기 때문에 비난받아 마땅한 최고 부르주아들을 고발한다. "주변의 포악무도함으로부터 차단된 진공으로 봉인된 최고 부르주아에 대한 강력한 우화"(330)라고 마이클 빌링톤(Michael Billington)은 해석한다. 런던에서 이 작품이 초연되었을 때는 호평을 받지 못했다. 관객들이 더 이상 핀터 스타일을 재미있어 하지 않기 때문이다. 게다가 비평가들은 그 작품이 과연 관객들에게 문제의식을 일으킬 수 있는가 하고 의문을 제기한다. 요컨대『파티타임』에서 핀터가 전달하고자 하는 것 중 하나인 부르주아의 특권과 국가에서 그들이 누리는 권력이 상관관계가 있다는 사실에 대해, 그리고 부정과 부패에 대해 흥분하는 것이 멋진 행동이 될 수 없는 나르시서스적 물질주의에 의해 우리들의 삶이 지배 받는다는 사실에 대해 과연 관객들이 문제의식을 가질 것인가 하고 질문을 던진다. 비평가들의 핀터 작품을 보는 이와 같은 시각에 마이클 빌링톤은 절망한다.

『파티타임』은 파티 장소를 분명히 명기하지 않는다. 모든 정황으로 비추어 보건대, 파티는 런던 어딘가에서 벌어지고 있는 것 같다. 우리들이 주목할 것은 『파티타임』의 축제적 분위기에 『생일파티』, 『최후의 한 잔』에서처럼, 폭력적 언어와 이미지가 항상 침입해 들어온다는 사실이다. 핀터는 바로 이 두 상반된 분위기를 연극의 시작 장면부터 멀리서 들리는 헬리콥터 소리를 집어넣음으로써 강하게 부각시킨다. 이와 같은 두 상황의 상존이 『파티타임』에서 핀터가 관객에게 제시하고자 하는 우리의 현실이다.

핀터는 개빈(정부고위관리)의 플랫에서 벌어지는 즐거운 파티와 '범인검거'가 잔악하게 이루어지는 외부 상황을 병행시키고 거의 매 장면마다 폭력적 언어와 이미지를 파티 분위기와 공존하게 한다. 첫째 장면을 예로 들어보자. "말하자면, 모든 것이 다 갖춰져 있어요"(101)라는 말로 대화가 시작된다. 주어를 대명사 "그것"으로 사용하기 때문에 분명하지 않지만 곧, "모든 것이 다 갖춰져" 있는 곳은 유한계층 사람들이 회원인 헬스 클럽이라는 것을 알게 된다. 이들 대화의 내용은 그 클럽에 있는 설비와 그 클럽이 제공하는 서비스가 얼마나 멋진가이다. 테리(더스티 남편)가 클럽이 제공하는 '환상적' 뜨거운 타월에 대해 이야기하자, 개빈은 적극적으로 그 화제에 끼어든다. 개빈은 클럽이 제공하는 '환상적'으로 뜨거운 타월 대신에 이발소에서 사용하는 '뜨거운 타월'에 대해 말하기 시작한다. 이발소의 뜨거운 타월은 얼굴의 여드름을 태워 없애버리는 용도로 쓰인다. 개빈이 말하는 이발소의 '뜨거운' 타월은 테리가 말하는 정말 안락함을 느끼게 하는 클럽의 '뜨거운 타월'과는 거리가 멀다. 테리가 말하는 타월이 축제적 즐거움을 나타낸다면, 개빈이 말하는 타월은 고통스럽지만 참아내야만 하는 외부 현실이다. 개빈이 사용하는 대사들 중 "모든 여드름들이 없어져 버리지" "그것들을 모두 태워 버렸어"(103) 등의 대사는 우리들의 현실에서 '여드름'과 같은 인간들을 태워 제거해야 한다는 생각에까지 미치게 한다. 개빈은 바로 이러한 서비스가 관행인 '서쪽 지방'에서 태어났다. 이러한 개빈을 환상적 헬스 클럽에서 대환영할 것이라고 테리가 아첨을 떨고 있는 바로 그 순간 테리의 부인인 더스티가 들어온다. 그녀의 첫마디는 "지미에게 무슨 일이 일어났는지 들었어요?"(104)이다. 테리는 당황해 하면서 더스티가 그 화제를 더 이상 입에 올리지 못하도록 "지미에게 아무 일도 일어나지 않았다는 거지. 그리고 당신이 착하게 굴지 않으면 내가 때려줄거야."(104)라고 위협한다. 그러자 곧 더스티는 자신의 질문을 접어 버리고 남편과 개빈의 이야기에 끼여든다. 클럽의 멋진 조명, 수영장에서 수영하는 멋진 남녀들, 맛있는 음식들에 대해 계속 이야기하고 있을 때 또다른 인물인 노부인 멜리사가 등장한다. 멜리사도 더스티처럼 외부에서 무엇인가 심상치 않은 일이 벌어지고 있음을 이야기한다. 그러나 '군인들만이 거리를 지키는 공포감이 도는 죽음'의 외부의 세계는 파티 분위기에 어떤 영향도 끼치지 못한다. 곧 멜리사도 파티 분위기에 휩쓸리게 된다. 그러나 동생인 '지미에게 무슨 일이 일어났나'에 관심을 가진 더스티는 "계속 이에 관한 여러 가지 이야기들을 듣고 있어요. 무엇을 믿어야 할지 모르겠어요"(107)라는 대사를 통해 알 수 있듯이 계속 외부 현실에 관심을 보인다. 그러자 테리는 더 위협적으로 그녀를 협박한다. 개빈이 멜리사를 다른 손님들에게 인사시키기 위해 데려가자 둘만 남은 테리는 더스티를 노려본다. 첫 장의 마지막 장면인 이 장면은 파티에 외부 현실이 끼여들면서 파티 분위기와는 상반되는 폭력적 분위기와 폭력적 언어가 끼여들게 됨을 잘 드러낸다. 외부에 관심을 가진 더스티는 남편의 폭력적 언어에 의하여

봉쇄를 당하기 때문에 전혀 어떤 영향력도 발휘하지 못한다.

첫 장에서처럼 거의 모든 장면의 축제적 분위기에 폭력적 언어 때로는 폭력적 분위기가 끼여든다. 그러나 이것은 파티 분위기에 전혀 영향을 끼치지 못한다. 이들은 자신들만의 관심사인 남녀 문제, 멋진 여름휴가, 그리고 그들이 속한 클럽에 대해 열을 올려 이야기한다. 리즈와 샬로트는 사랑 문제와 '음란증 계집'의 욕심 많은 행동들을 화젯거리로 삼으며, 더글라스는 샬로트에게 여름 휴양지인 섬과 배에서 갖는 성관계가 주는 활력에 대해 자랑한다. 이와 같은 대화를 두서너 명이 모여서 한다. 두서너 명씩 여기저기 분산되어 서로 대화한다. 그러나 연극이 진행되면서 점점 하나로 합해진다. 핀터는 두서너 명씩 그룹을 지어 대화하는 상황을 15장까지 보여준다. 그러다 제16장에 가면 지미를 제외한 모든 등장인물들이 등장하게 된다. 이들은 더 이상 대화하지 않는다. 결론적으로 테리와 멜리사가 대표하여 클럽에 관한 긴 대사를 읊는다. 구체제의 생존자인 멜리사 부인은 현재 그들이 속한 클럽이 "도덕심, 도덕적 의식, 도덕적 가치"들을 가졌음을 강조하기 위해 도덕적 토대가 없었기 때문에 사라져버린 그녀의 젊은 시절의 테니스와 수영 클럽에 대해 이야기한다. 마지막 중요한 결정이 18장에서 내려진다. 그 결정은 오늘 파티의 주최자인 개빈이 그 클럽의 명예회원으로 받아들여졌다는 것이다.

개빈은 파티의 주최자이자 바로 바깥 길거리에서 진행되고 있는 '범인 검거'에 책임을 지고 있는 정부 고위 관리임이 17장과 18장에서 극적으로 제시된다. 제17장에서 개빈의 부하 직원인 할로우(Harlow)가 전화로 외부 상황을 보고 받고 제18장에서 개빈은 할로우로부터 외부 상황이 끝났다는 보고를 직접 받는다. '범인 검거'의 마지막 보고를 받은 정부의 고위 관리 개빈이 클럽의 회원이 되었다는 것은 커다란 의미를 갖는다. 이로써 외부 상황에 대한 책임은 개빈은 물론 그 파티에 참석하고 있는 모든 사람들에게로 확장되게 된다. 명료하게 개빈은 지금까지 대화를 통해서만 드러났던 모호했던 외부의 위협적 상황을 설명한다. '범인 검거'를 하기 때문에 교통이 막히는 곳이 있었는데 오늘 밤으로 범인 검거가 끝나면서 모든 것이 정상으로 돌아갈 것임을 모든 참석자들에게 설명한다. 개빈의 설명은 제1장에서 멜리사가 한 질문인 "도대체 바깥에서 무슨 일이 벌어지고 있는 거야?"에 대한 답이며 그녀가 묘사했던 길거리의 모습인 "마치 페스트가 유행하는 것 같아요" "동네가 죽은 듯이 고요해요. 길거리에는 아무도 없구, 한 사람도 눈에 띄질 않아…"(106)를 이해하게 해준다. 마지막 장인 제19장에서 개빈이 설명한, 그리고 멜리사가 묘사한 위협적 상황이 무대 위에 그대로 재현된다. 바깥에서 벌어진 잔인한 상황을 조명과 지미의 모습을 통해 구현한다. 이 상황을 무대 위에 올리면서 동시에 파티에 참석한 사람들의 웃음소리가 계속 들리게 한다. 파티에 참석한 이들의 웃음, 이들의 무관심은 지미의 상황을 더욱 절망스럽게 만든다. 이미 죽었을 수도 있는 지미가 하는 대사를 통해 나타나는 모든 것이 닫힌 상황은 바로 현대인들이 놓여 있는 정치적 상황이라 할 수 있다. 그러한 상황 속의 사람들은 지미처럼 어두움을 빨면서 앉아 있을 수밖에 없다. "그게 내가 가진 전부예요. 어두움이 나의 입 속에 있어요. 그리고 나는 그것을 빨아들여요. 그것이 내가 가진 유일한 것이에요. 그건 내꺼예요. 나 자신만의 것이에요. 나는 그것을 빨아들여요."(144)

연극이 벌어지는 장소는 어디일까? 파리, 베를린, 워싱톤, 이스탄불, 브에노스 아이레스, 산티아고 등 어디여도 괜찮다. 핀터가 이 작품에서 암시하고 있는 것은 파시즘의 선조건들 — 근시안적으로 자기 세계에만 관심이 있는 부유한 엘리트들, 그들의 이름으로 이루어진 결정들의 실상에 대해 완전히 무관심한 부유한 엘리트들 — 이 영국에 위험스러울 정도로 산재해 있다는 것이다. 우아한 거실에서 이루어지는 관계에는 외부현실의 야수성이 들어 있고 그들이 선정하여 사용하는 어휘는 정치적으로 타락되어 있다는 것이다. 예를 들어, '아젠다(agenda)'라는 단어가 그러한 면을 잘 드러낸다. 더스티가 반복적으로 그녀의 남동생에 대해 물을 때, 테리는 지미에 대한 문제를 "어떤 누구도 협의 사항(agenda)으로 삼지 않을 거라고"(120) 윽박지른다. 더스티가 두 번이나 그것을 "협의할 것"이라고 말하자, 테리는 거칠게 답한다. "아니야. 아니야. 당신은 그 점에 대해 잘못 생각하고 있어. 그 점에 대해 완전히 잘못 생각하고 있어. 그 부분은 정말 잘못 생각하고 있어. 당신은 어떤 계획(agenda)도 가지고 있지 않아. 알아듣겠어? 당신은 어떤 계획(agenda)도 없어"(120)라고 답한다. 여기서 우리는 'agenda'라는 단어의 뜻이 이중으로 사용됨에 주목하게 된다. 더스티는 'agenda'라는 단어를 회의에서 생각될 업무의 항목들처럼 사람들간에 이야기되어야 할 항목으로 이야기하는 데 반해 테리는 'agenda'를 정치적 행동에 대한 완곡한 처방으로 변화시켜 사용한다.

샬로트가 그녀의 옛 애인 프레드와의 대화에서 사용하는 단어 'regime'도 마찬가지로 두 가지 의미로 사용된다. 그들의 대화에는 어떤 것도 직접적으로 서술되고 있지 않다. 그러나 우리들은 순간적으로 샬로트의 남편이 국가가 자행한 고문(state torture)의 희생물이었다는 사실을 그들의 짧막한 대화에서 추론할 수 있다. 프레드는 샬로트에게 "길거리는 우리들에게 맡겨"(134)라고 경고한다. 샬로트는 우리들이 누구냐고 따진다. 이에 프레드는 당황하여 말을 더듬거린다. 그녀는 그를 노려본다. 그런 후에 복합적 의미로 사용될 수 있는 'regime'이라는 단어를 사용하여 그를 간접적으로 공격한다. 샬로트는 프레드를 납작하게 하기 위해 'regime' 을 '섭생방법' 이라는 뜻과 '체제' 라는 정치적 의미 두 가지로 사용한다. 마이클 빌링톤은 샬로트와 프레드의 대화를 핀터가 근래에 쓴 최고의 대화라고 극찬한다. 그들의 대화는 "형식적 이고, 짤막짤막하고, 노엘 카워드(Noel Coward) 스타일의 대화로 숨겨 진 많은 감정을 담고 있다"(332). 샬로트가 사용한 체제의 의미로서 'regime' 은 프레드의 "나는 깨끗하게 살아"(134)라는 답과 어우러져 외부의 잔악한 정치 현실과 공명의 효과를 낸다.

핀터가 연출했던 『최후의 한 잔』의 빅터와 『파티타임』에 위협적 프 레드 역을 맡았던 로저 로이드 팩(Roger Lloyd Pack)에 의하면 『파티타 임』이 『최후의 한 잔』보다 더 구체적 현실을 반영한다. 『최후의 한 잔』 의 경우는 그 연극이 어느 장소에서 사건이 벌어지는가에 대해 묻지 않 는다. 반면에 『파티타임』의 경우 관객들은 이 작품이 영국을 배경으로 삼고 있으며 특히 작품에서 언급되는 클럽은 웨스트 런던의 수영장과 체육관일 것이라고 추측한다는 것이다. 이 작품의 배경이 영국이라는 것은 파멜라의 대사에 나오는 "옥스퍼드"와 에밀리와 수키의 대화에서 언급되는 지방 말 시합으로도 알 수 있다.

『파티타임』의 부유한 상류 계층의 사람들은 자신만을 위한 사치스러 운 소비와 건강 파시즘에만 열중해 있을 뿐, 무엇이 시민들의 자유를 침해하는지에 대해서는 완전히 무관심하다. 이 작품은 자신만의 밀폐 된 공간에 갇혀 사회에 무관심한 상류 계층의 부정적 이미지를 강력하 게 제시한다. 그러면서 한편 『파티타임』에서 이미 핀터는 『달빛』으로 의 전환을 준비하고 있다.

파티 참석자들은 대화를 하면서 자신들이 폭력적(terrorist) 전체주의 체제하에 있음을 관례적인 농담을 통해 드러낸다. 요컨대, 핀터는 파티 참석자들의 대화의 셉텍스트를 통해 폭력적 상황을 폭로한다. 그뿐 아니라 좀더 구체적으로 더스티의 "지미에게 무슨 일이 일어났는가"의 대사를 제1장에서부터 제12장까지 중간중간 넣음으로써 폭력적 공포의 상황이 현실감 있게 파티 분위기와 함께 공존하게 한다. 그녀의 "지미에게 무슨 일이 일어났는가"라는 대사는 한편 잘난 체하는 상류층의 자족적 조화의 분위기를 깨는 효과를 낸다. 섭텍스트에 의해 암시되는 외부의 공포 상황과 더스티의 계속되는 질문은 결국 마지막 장면에서 바뀌어진 조명 하에 공포와 잔악함의 희생자들 중의 하나인 지미가 답이 되어 나타난다. 그는 짧고, 감동적인, 그러나 고통을 느끼게 하는 서술식의 독백을 통해 우리들이 처한 현대의 정치적 현실을 집약한다.

핀터는 시민들의 자유를 내세우면서 실제적으로는 폭력을 휘두르는 정부 고위 관리, 폭력이 산재해 있는 현실을 알고 있으면서도 무관심한 상류층과 지배계층 사람들에게 절망한다. 그리고 그들이 사용하는 완곡법의 정치적 담론과 야수적 현실 사이의 깊어지는 심연에 대해 절망한다. 바로 이러한 주제를 핀터는 『파티타임』에 이어 『정확하게』에서 다룬다. 그리고 또 하나의 짧은 작품인 『새로운 세계 질서』에서도 다룬다. 『새로운 세계 질서』에서는 좀더 범위를 넓혀 표면으로는 신성한 시민의 권리를 내세우면서 실제로는 폭력을 휘두르는 민주주의를 고발한다. 이 작품들은 매우 짧음에도 불구하고 핀터 작품의 지평선을 확장시켰다.

핀터의 이러한 작품들의 가치는 단지 정치적 문제를 작품의 주제로 삼았다는 데에 있지 않다. 고문, 처벌, 마음을 혼란시키는 충격적 죽음의 이미지와 진실에 연막을 치는 언어를 대위법적으로 놓음으로써 작품의 연극적 효과를 극대화시킨다는 데에 있다.

『달빛』

해롤드 핀터는 정치적 작품들인 『최후의 한 잔』, 『산골 사투리』의 프롤로그로 1983년에 『정확하게』를 발표하고, 1991년에 정치극의 에필로그로 『새로운 세계 질서』, 『파티타임』을 발표한 후 노골적인 정치극 쓰기를 그만둔다. 그러한 변화를 확연히 보인 작품이 『달빛』이다. 마틴 에슬린은 핀터가 『달빛』을 계기로 "창조적 초기의 셉텍스튜얼 모드"로 돌아갔음을 지적한다. 『달빛』은 『관리인』, 『귀향』, 『배신』 또는 『일종의 알래스카』처럼 초사실주의적이다. 동시에 『침묵』(The Silence), 『옛시절』(The Old Times)에서처럼 회상과 꿈이 중요 역할을 한다.

『달빛』은 『침묵』과 마찬가지로 무대가 세 영역으로 나뉘어진다. 『침묵』과 다른 점은 브리지트 공간인 제3영역을 제외한 나머지 두 영역(앤디의 방과 프레디의 방)에 각각 2명의 등장인물들이 나타난다는 것이다. 그러나 영역간의 의사소통이 이루어지지 않는다는 점은 『침묵』과 유사하다. 『침묵』은 공통분모를 찾지 못해 홀로 고립해 자신의 영역에 갇혀 살고 있는 두 남성(람지와 베이쯔)과 한 여성(엘렌)에 초점을 맞추는 데 반하여 『달빛』은 부모와 사식간의 관계불능을 분리된 세 영역을 통해 보여준다. 부모 자식간의 관계불능은 딸과 아들의 경우에 원인이 각각 다르게 나타난다. 아들들과의 분리는 아들들의 관계 거부가 원인인 데 반하여, 딸과의 분리는 딸의 죽음이 원인이다. 앤디의 방과 프레드 방이 사실주의적인 데 반해 브리지트의 영역이 꿈같은 성격을 띠는 것은 이와 같은 이유에서이다. 브리지트의 영역은 앤디와 프레디의 현실적인 영역과 달리 꿈의 공간이기 때문에 항상 열려 있다. 이 공간에는 과거의 프레드와 제이크가 등장하며 또한 현재의 앤디와 벨이 때때로 침입하기도 한다. 브리지트의 제3영역은 온 가족이 만날 수 있는 가능성의 공간이라 할 수 있다. 브리지트의 영역은 사실주의적 두 영역 아래위에 위치한다. 그 공간은 앤디가 꿈을 꾸는 공간이기도 하고 브리지트의 과거의 공간이기도 하다. 그러나 앤디의 방과 프레드의 방은 완전히 별개의 영역이다. 한 무대 디자이너가 두 별개의 영역에 있는 침대들을 시각적으로 가까이 두었다는 것은 공간적으로 가까워도 감정적 거리는 한없이 멀 수 있다는 효과를 내기 위해서이다.

멜 거쏘와의 대담에서 해롤드 핀터는 『사장된 땅』(No Man's Land)의 사진에 대한 대사 "현존하는 죽은 자"(99)라는 이미지가 『달빛』을 쓰게 했다고 토로한다. 『사장된 땅』에서 대사를 통해 전달했던 '현존하는 죽은 자'의 개념을 『달빛』에서는 '누워 있는 남자'의 시각적 이미지로 보여준다. 사진 속의 인물들 즉 '현존하는 죽은 자'가 작가 허스트(Hurst)에게 잠시 돌아온 상상력에 의해 살아나듯이, '현존하는 죽은 자'가 살아올 때 등장인물들은 "생중사"(the dead in life)의 상태에서 벗어날 수 있는 가능성을 가지게 된다. '현존하는 죽은 자'가 브리지트라면, 생중사를 나타내는 살아 있는 인물들은 앤디, 벨 그리고 제이크, 프레드이다. 핀터는 『달빛』에서 생중사의 상태에 놓여 있는 살아있는 인간들의 관계들을 부재와 결핍으로 제시하면서, 또 한편 '현존하는 죽은 자'를 통하여 살아있는 인간들이 부재와 결핍의 생중사의 삶의 상태를 벗어나 사랑으로 꽉찬 세계로 나갈 가능성을 열어줄 수 있음을 제시한다.

『달빛』은 가족이라는 작은 사회에서 벌어지는 인간관계에 초점을 맞춘다. 핀터가 이처럼 가족 중심의 작은 세계를 작품의 배경으로 삼은 것은 인간 사이의 분리와 사랑의 부재가 어느 인간관계보다 극명하게 나타나기 때문이다. 이 작품에서 부부관계, 부모 자식관계 그리고 친구

관계 등을 인간관계의 기본으로 제시하고 있다. 이 기본을 이루는 인간관계의 특징은 부재와 결핍이다.

앤디(아버지)는 평생 열심히 일을 한 그리고 조직에 충실했던 "일등 공무원"(43)이었다. 그는 상대방에게 존경을 받았지만 사랑을 받지는 못했다. 그의 사회생활은 통제의 연속이었다. 이와 같은 사회생활이 앤디와 그의 부인 벨과의 관계 형성에 영향을 준다. 앤디는 벨과 대화할 때 거친 언어를 구사하며 공격적이다. 언어가 이처럼 공격적이고 거친 이유는 사회생활을 통해 받지 못한 사랑을 부인으로부터 갈구하기 때문이다. 앤디가 이처럼 공격적 언어를 사용하는 원인을 그의 대사 "나는 숭배의 대상이었고 존경을 받았어. 하지만 나는 사랑을 받았다고는 할 수 없어"(43)에서 찾을 수 있다. 그는 공적으로 사람들이 두려워하는 존재로 사랑을 받지 못하였다. 이렇게 그가 사랑을 받지 못한 것은 공무원이란 기본적으로 사랑을 베푸는 위치에 있지 않다고 생각했기 때문이다. 사랑이라는 관점에서 볼 때, 그는 계속 결핍상태에 있었다. 그는 그러한 결핍을 이제와서 인간관계를 통하여 채우려 한다. 그러나 벨이 지적하듯이, 그의 인간관계에는 문제가 있다. 누구든 그와 함께 10분 정도만 있으면, 토하고 싶어지기 때문이다. 그는 자기 부인에게만 공격적인 것이 아니다. 수변 사람들에게도 음란하고 거친 그리고 공격적인 언어를 사용함을 벨의 대사를 통해 알 수 있다. "평생 당신과 함께한 개인적으로 그리고 사회적으로 애착을 가진 사람들에게 대부분 조잡하고, 거칠고, 말도 안 되는 미숙하고, 음탕하고, 그리고 난폭한 언어를 사용했다는 것은 정말이야."(45) 그는 사무실에서 풀 수 없었던 것을 사무실 이외의 사람들 즉 가족과 친지들에게 거침없이 쏟아 놓았음을 이 대사를 통해 알 수 있다. 이러한 공격성은 사람들로 하여금 그에게서 멀어지게 만들었다. 부인인 벨은 자신을 보호하기 위해 어쩔 수 없이 앤디와의 관계에서 자신을 감출 수밖에 없게 되었다. 그녀는 계속 앤디에게 사랑과 동정을 보내는 척하지만, 그것은 진정한 사랑과 동정이 아니다. 그것은 그녀가 살아남기 위해 쓴 가면일 뿐이다. 그 이면에 공허가 자리잡고 있는 것은 당연하다.

벨과 앤디 사이의 결핍은 마리아와 랄프 부부에 의해 더욱 강조된다. 벨은 랄프에게서 앤디에게 느낄 수 없었던 여성적 부드러움을 느끼고 앤디는 마리아에게서 관능을 본다. 그러나 벨과 앤디 부부처럼 마리아와 랄프의 관계의 특징도 결핍이다. 마리아와 랄프의 관계는 벨과 앤디의 관계와 정반대로 나타난다. 마리아가 랄프를 억압한다. 부부 중 한쪽 편의 억압을 당하는 상황은 두 부부 모두의 욕망의 결핍을 가져오고 이로 인해 관계의 불능상태에 이르게 한다.

두 부부관계의 특징은 결핍이라 할 수 있다. 부부가 서로 결핍을 느끼고 있다면, 이들의 사회를 더 확대한다 해도 결핍은 해결되지 않을 것임을 네 사람의 관계를 통하여 추측할 수 있다. 그 결핍은 배반으로 나타난다. 앤디는 마리아 때문에 벨을 배반하고 마리아는 앤디 때문에 벨을 배반하고 그리고 벨 때문에 랄프를 배반한다. 또 한편 마리아는 벨에게 특별한 관심을 보였으나 벨은 랄프 때문에 마리아를 배반한다. 또한 랄프는 앤디와의 연대를 원했으나 마리아 때문에 랄프를 배반한다. 핀터는 이처럼 두 쌍의 부부간의 다양한 대사를 통해 부부간의 결핍상태를 제시한다. 이에 멈추지 않고 자식과 부모간의 관계 결핍을 프레드와 제이크의 장들을 통하여 부각시킨다.

앤디와 벨의 아들들인 제이크와 프레드는 작품 처음부터 부모들과 다른 공간에 산다. 이들과 부모와의 공간적 거리가 바로 이들이 부모에게 가진 심리적 거리이다. 이들과 부모와의 심리적 거리는 아버지의 임종을 가지 않기로 결정하는 것으로 나타난다. 이들의 결단은 확고한 것

같지만, 그 "결단은 회한의 심연 위에 놓인 티슈 페이퍼 위를 걷는" (Gillen 32) 것 같다. 그들은 농담을 통해 심연을 잊으려 하나, 때때로 그들의 회한이 표면으로 올라온다.

제이크와 프레드의 장들은 오이디푸스적 콤플렉스를 넘어서는 과정으로 볼 수 있다. 그 과정은 어머니와의 상상적 합일의 관계에서 어머니와 분리를 이루고 아버지의 법의 세계를 받아들이는 것으로 나아간다. 앤디와 벨의 대화에 의하면 과거의 아들들은 어머니를 도와주는 반면에 아버지에게는 반항했었다. 아버지에 대한 아들들의 반항은 앤디에 따르면 랄프에게까지 확대된다. 그것은 아버지와 대립해서, 그리고 아버지가 나타내는 사회에 대립해서 자신을 규정하려는 행위로 보여진다. 연극이 진행됨에 따라 이들은 공간적으로 그리고 심리적으로 아버지와 분리되어 있음에도 불구하고, 아버지와 똑같이 닮아간다는 것은 아이러니가 아닐 수 없다. 이들의 대화 대부분이 아버지가 제이크에게 재산을 상속한 이야기와 노름으로 파산한 이야기, 그들의 삶에 대한 아버지의 논리적 사고와 계획 등 아버지에 대한 이야기가 주를 이루는 것으로 알 수 있다.

아버지에 대한 이들의 투쟁은 오이디푸스적이다. 그 일환으로 아들들은 아버지가 이사회에서 한 연설을 "협잡꾼 ─ 아이 ─ 사기꾼 ─ 광대 ─ 악한의 연설"(41)로 평가절하함으로써 아버지의 권위에 도전한다. 이와 같은 행위를 하는 것은 아버지가 나타내는 질서에 대립해서 자신을 정의하기 위함이다. 그러한 행위는 아버지가 나타내는 기성세계를 패러디하는 것으로 나타난다. 그러나 아버지와 그가 대변하는 사회에 대항해 자신을 끊임없이 규정하려는 노력에도 불구하고 아들들은 자신들의 정체성을 찾지 못한다. 그 이유는 그들은 갈등을 통해 자신의 정체성을 찾는 것이 아니라 오히려 점차 아버지의 세계로 들어가 버리

기 때문이다. 그러한 사실은 정체성의 혼돈, 나아가 이름의 혼돈으로
나타난다.

　제이크가 프레드에게 자신은 라일리처럼 풍요한 삶을 살고 싶다고
고백하는 장면이 있다. 이 장면을 계기로 이들의 아버지에 대한 태도에
변화가 일어나기 시작한다. 그 대사에서 라일리의 어머니는 "전례없이
훌륭한 배꼽춤 댄서들 중 하나"였고 그의 아버지는 "존경받는 장로들
중에서도 최고"(72)로 나타난다. 제이크가 꾸며낸 이야기 속의 라일리
의 아버지와 어머니의 상은 앤디와 앤디가 이상으로 삶은 여인상과 닮
았다. 앤디가 생각하기에 이상적인 여성은 관능적이고 이상적인 남성
은 가부장적이다. 이러한 가부장적인 남성에 대해 아들들은 한편 조롱
의 태도를 취하긴 하지만 그러면서 한편 자신들도 아버지처럼 신이 되
고 싶어한다. 이것만 닮은 것이 아니다. 정신적 균형이 깨진 제이크의
모습도, 그리고 침대에만 누워 있는 프레드의 모습도 아버지 앤디를 그
대로 반영한다. 프레드의 동전의 양면이라 할 수 있는 제이크가 프레드
에게 희망을 주려고 하면서부터 아버지에 대한 이들의 생각이 변화하
기 시작한다. 칠흑같이 어두워도 그 속에 빛이 있다고 생각하기 시작한
다. 이때부터 아버지에 대해 긍정적으로 변하기 시작한다. 아버지의 유
산상속의 행위를 사랑의 행위로 보고, 그 사랑의 행위를 죽음의 대가로
갚으려 한다. 이제 아들들은 비록 거리로는 떨어져 있지만, 실제로 떨
어져 있는 것이 아니다. 아버지를 받아들인 후 제이크는 도랑주리 기념
식에 참여한다. 이것은 현실이라기보다 제이크가 만들어낸 환상의 기
념식장이다. 환상의 기념식장에 참석한 사람들의 이름들을 나열하면
서, 앤디의 죽음, 프레드의 죽음 그리고 도랑주리 기념식이 메아리 속
에 반향되면서 합쳐진다. 도랑주리 기념식장에 참여한 사람들 이름 중
특히 'Blackhouse'는 의미심장하다. 'Blackhouse'는 바로 아버지의

상태이고 동시에 그들의 상태이다. 이 둘은 아버지가 마지막에 죽음을 받아들이듯이 죽음을 받아들인다. 이들은 아버지처럼 죽음을 지평선으로 받아들인다는 것이다.[1]

핀터의 다른 작품들처럼 이 작품의 등장인물들도 자기 자신이기 위해 투쟁하고 싸운다. 모든 인물들은 "I"에 갇혀 있다. 개인적, 단독의 심연 속에 갇혀 있다. 개인의 정체성을 확보하기 위한 공간싸움은 가족 간 사랑의 부재 문제로 무대 위에 나타나게 된다. 등장인물들의 관계의 지평선을 넓히려면 사랑이 필요하다. 자신만의 지평선에 갇혀 있을 때, 다른 사람의 방에서 대상으로 축소되는 것을 거부했을 때 "I" 너머로 나아가 누군가와 만날 수 없다. 벨이 프레드와 제이크에게 한 전화는 바로 그러한 상황을 잘 보여준다. 벨은 닫혀진 프레드의 세계에 전화로 관계를 시도하지만 한 발자국도 다가갈 수 없다. 핀터는 이 상황을 코믹하게 그린다. 아들들이 어머니의 청원 듣기를 거부하고 그들 자신들이 있는 곳이 "차이니즈 세탁소"라고 주장할 때, 벨도 결국은 포기하고 그들에게 동조하게 된다. 벨은 결국 그들에게 "드라이 클리닝 해요?"라고 묻는다. 이에 프레드는 아무 말도 하지 않고 제이크에게 전화를 건네준다. 이것은 한편으로는 코믹하지만 또다른 한편으로는 비극적이다. 그들의 행위는 어머니를 거부하는 것이기 때문이다. 이 장면을 통해 이들은 결정적으로 어머니를 거부하고 아버지의 세계로 나아간다. 아버지가 어머니를 거부하듯이 이들은 완전히 어머니를 그들의 세계에서 추방해 버린다.

이미 언급했지만 이 장면에서 이들은 개별적이고 독립적 아들들이 아니라 아버지 마음속의 거울에 비춰진 아들들이다. 그러나 핀터는 등장인물들을 결핍과 부재의 상태에 머무르도록 버려두지 않는다. 작품

---

[1] 작품이 끝날 때 브리짓트는 바로 이 'Blackhouse' 앞 달빛 속에서 기다린다.

의 처음과 마지막 장면에 브리지트를 등장시킴으로써 이들이 결핍과 부재의 관계에서 벗어나 사랑으로 충만한 상태로 나갈 가능성을 보여 준다.

『달빛』의 첫 장면과 마지막 장면은 이미 죽은 브리지트의 대사로 이루어진다. 이 브리지트에 대해 핀터는 멜 거쏘와의 대담에서 다음과 같이 밝힌다. "『달빛』을 쓰면서 나에게서 살아났던 브리지트는 우리들 속에 있는 죽음의 그러한 의식에 대한 무엇, 유령에 대한 무엇, 현존하는 죽은 자에 대한 무엇"(99)이다. 그녀는 이 모든 것의 화신 즉 "현존하는 죽은 자의 바로 그 생각"(99)이며 "작품의 가장 중요한 핵심"(99)이라고 한다. 이러한 설명이 왜 핀터가 브리지트를 작품의 시작과 마지막에 두었는지를 이해하는 데 도움을 준다. 핀터는 이 작품을 미결정 상태의 모순으로 시작하고, 끝냄으로써 가능성들을 열어 놓기를 바랬던 것 같다.

브리지트는 17개의 장면 중 5개의 장면에 나타난다. 1장, 5장, 17장은 유령 브리지트 혼자 있고 7장과 12장에서는 각각 식구들과 함께 있다. 제7장은 브리지트가 14살 때 오빠들과 함께 있었던 장면이며, 제12장은 현재의 장면으로 아빠, 엄마와 함께 있다.

제7장과 12장에서 우리는 브리지트가 형제들에게 어떤 역할을 하는지, 그리고 앤디의 마음에 어떤 변화를 가져오는지를 볼 수 있다. 7장에서는 제이크와 프레드의 중간에 서서 어떻게 하면 둘을 화해시킬까에 총력을 기울이고, 12장에서는 더 이상 좁혀지지 않는 틈이 있는 부부 사이에 잠시나마 예전의 사랑을 되살리는 역할을 한다. 제이크, 프레드, 앤디 모두에게 브리지트는 그들의 인생에서 남겨 놓은 모든 것이다.

이 세 인물들은 그녀가 자신들을 이해해 줄 것이라는 것을 알고 있다. 작품의 핵심은 솔직하고 시적 강력함을 지닌 브리지트의 여성적, 치유의 화해 정신(the feminine, healing reconciling spirit)(Gillen 33)을 받아들이느냐 거부하느냐에 있다. 모든 사람들을 함께하게 만드는 것은 여성적, 치유의 화해 정신뿐이다. 제이크, 프레드, 앤디의 방은 어둠 속인 반면 무대 뒷면이 영역인 브리지트의 영역은 밝다. 그곳에는 은총과 치유의 힘이 자리잡고 있다. 마지막 장면은 브리지트의 절망을 보이게 하지만, 바로 전 장면(16장)에서 앤디는 다른 돌파구의 가능성을 보인다. 죽어가는 앤디가 그의 죽은 딸의 정신에 영향을 받았을 수도 있음을 그 장면을 통해 짐작할 수 있다. 처음으로 앤디는 자신의 에고 너머로 나아가 다른 인물에 대한 완전한 관심을 표명한다. 그의 죽음과 브리지트의 죽음은 하나가 될 수도 있다. 그의 대사 "브리지트에게 무서워하지 말라고 해. 브리지트에게 걔가 무서워하는 것을 내가 바라지 않는다고 해"(95)에서 알 수 있듯이, 그가 공포로부터 브리지트를 보호할 것이므로 그 자신도 보호받게 될 것이다.

프란시스 질렌(Frances Gillen)은 브리지트에 대해 다음과 같이 해석한다. 그녀가 이처럼 치유 정신, 화해 정신을 지닐 수 있었던 것은 그녀가 아직 자아가 굳어지기 전인 16살짜리 소녀이기 때문이라는 것이다. 질렌은 아직 사신의 정체성이 형성되기 이전, 가족들로부터 독립되어 분리되기 이전의 나이에 브리지트를 머무르게 한 것은, 다른 등장인물들이 자아를 확보하기 위해 영역 싸움을 벌이는 과정에서 상실한, 그래서 항상 갈증을 느끼는 사랑의 엠블럼으로 머물게 하기 위함인가? 라고 질문을 던진다.

핀터는 『달빛』 해석의 여러 가능성을 열어 놓는다. 예를 들어, 브리지트의 '다른 사람'에 대한 배려가 다른 사람을 받아들일 정도로 넓은 지평선을 열어 놓았을까? 마지막 장면에서의 어두운 집은 브리지트의 아버지가 죽은 후의 상태를 말하나? 모든 것이 사라진 후에 어둠만이 있다는 의미인가? 아니면 이 어둠이 브리지트를 치유하듯 치유력을 가짐을 의미하는가? 아니면 마지막 텅 빔인가? 이 반쯤만 밝은 달빛은 우리 인간의 실존적 운명인가? 『달빛』의 이러한 열린 상태는 핀터를 다시 한번 뛰어난 살아있는 현대 시인으로 만든다. 그는 이 작품을 통해 결정될 수 없는 모순, 인간이 가진 여러 가능성들을 열어 놓고 관객으로 하여금 생각하게 만든다.

『재는 재로』

1993년 『달빛』을 발표한 지 3년 후인 1996년 9월 12일 런던 앰버서더극장의 로얄 코트에서 『재는 재로』가 초연되었다. 이 작품에서는 제3기 작품에 많이 다루어졌던 폭력의 문제가 다시 대두된다. 그럼에도 불구하고 이 작품은 제3기의 작품과는 다르게 그의 초기 작품들처럼 사실주의적이면서 환상적인 효과를 낸다. 무대 위의 사건들은 객관적 사실주의적으로 제시되나 설명이나 종결이 없기 때문에 어떤 사건이 무대 위에서 벌어지는가에 대한 결정은 완전히 관객에게 맡겨진다.

제3기와 확연히 달라진 이 작품을 핀터가 쓰게 된 동기는 어떤 작품보다 구체적이다. 1996년 핀터는 바바도스에서 겨울 휴가를 보내면서 아돌프 히틀러의 설계자이며 후에 군비 장관(Minister of Armaments and Munitions)이었던 알버트 스피어 전기(Gita Sereny 저)를 읽었다. 거기서 영감을 받아 『재는 재로』를 쓰게 되었음을 마이클 빌링톤에게 다음과 같이 이야기한다.

스피어가 나치 독일의 노예노동 공장들을 조직하고 책임지고 있었다는 사실에 매우 충격을 받았다. 그 책은 나에게 다른 여러 생각들을 떠올리게 했다. 특히 나치들이 총검 끝으로 아기를 들어 창문 밖에 버리는 이미지가 계속 떠올랐다 . . . 사실 휴가를 즐기지 못했다. 이 모든 것에 대해 써야겠다고 생각하면서 집으로 돌아와 바로 작업에 착수했다.

(Billington 374-375)

위의 인용을 읽으면 『재는 재로』는 나치 전범인 스피어와 홀로코스트가 분명히 관계가 있음을 알 수 있다. 캐서린 H. 버크만(Katherine H. Burkman)도 이 점을 포착하여 『재는 재로』를 스피어와 관련시켜 분석하는 흥미로운 논문을 내놓았다. 버크만이 확신하듯이 이 작품에는 스피어와 홀로코스트를 연상시키는 장면들이 여러 군데 들어있다. 그러나 이 작품을 나치의 잔학상을 고발하는 극으로 단순화시켜서는 안 된다. 핀터도 그 점을 분명히 하고 있다.

내가 『재는 재로』에서 이야기하고 있는 것은 단순히 나치에 관해서만은 아니다. 왜냐하면 내가 단지 나치에만 관심을 집중해 매달린다면 그것은 나의 태만에서 비롯되는 것이기 때문이다. 수요일 『가디언』지에 발표했던 글에서 네가 말하려고 했듯이, 내 생각으로는, 수년 동안 세계 곳곳에서 일어난 끔찍한 사태들을 만들어낸 것이 미국만은 아니라는 것이다. 소위 말하는 우리들의 민주주의가 이러한 압제적, 냉소적 무관심의 살해 행위에 동의했다는 것이다.

(Aragay 11)

『재는 재로』는 핀터의 언급에서도 읽을 수 있듯이 분명히 정치적이다. 그러나 프란시스 질렌 등 많은 비평가들이 지적하듯이, 이 작품에는 그러한 정치적인 면만 들어있는 것은 아니다. 초기의 핀터에서부터 1980-90년대 정치적 핀터까지 모든 것이 들어있다. 『관리인』에서처럼 공간확보를 위한 투쟁이 치열하게 벌어지는가 하면, 『옛 시절』처럼 기억이 중요한 역할을 하며, 『정부』(Love)에서처럼 역할 놀이가 중요한가 하면, 『최후의 한 잔』에서처럼 희생자와 가해자와의 관계에 대해 탐사도 한다.[2] 그리고 마지막으로, 핀터가 가장 즐겨 사용하는 기법인 자신을 보호하고 자신의 영역을 지키기 위한 무기, 다시 말해 상대방을 공격하기 위한 무기로써 언어뿐만 아니라 이야기도 사용한다.

『재는 재로』는 이처럼 많은 핀터적 특징들을 담고 있음에도 불구하고 과거의 작품과는 완전히 다르다. 그 이유는 등장인물의 관심이 초기 작품과 달리 외부현실의 맥락에서 문제를 보기 때문이다. 핀터는 레베카에 대해 다음과 같이 설명한다.

> 내 견해로는, 여자[레베카]는 그녀가 태어난 세계에 의해, 벌어진 모든 잔악한 행위에 시달리고 있다. 사실 그것들은 그녀 자신의 경험의 일부가 된 것 같다. 내 견해로는, 그녀가 실제로 그것들을 경험한 적이 없다 할지라도, 그것이 연극의 핵심이다.
>
> (Aragay 10)

『재는 재로』는 바로 레베카 속에 경험으로 또는 상상으로 들어있는 잔악한 행위들을 풀어내는 의식으로 보여진다. 핀터는 레베카 속에 들어있는 잔악한 행위들을 하나하나 풀어낼 때, 기억 속의 스토리들을 이

---

2) 희생자와 가해자의 관계는 권력과 폭력이 매개된 관계이다. 그 관계는 사도-마조키스트적 특성을 지닌다. 이러한 특성은 단순히 정치적 희생자와 가해자 관계에서만 나타나는 것이 아니라 남녀관계, 부부관계, 그리고 사회적 인간관계에서도 나타난다.

용한다. 그러나 레베카가 과거에서 불러낸 스토리는 그녀의 고통을 몰아내면서 그녀가 경험한 고통을 다른 사람과 나누게 하는 역할을 하며, 데블린과의 파워게임의 수단으로 사용되기도 한다. 프란시스 질렌은 후자의 관점을 작품전체로 확대해『재는 재로』를 파워게임으로 해석한다.『재는 재로』를 지배와 복종의 파워게임으로 인한 희생자와 가해자의 갈등이 일어나는 것으로 그리고 피해자가 되지 않기 위해 힘을 발견하는 과정을 다룬 것으로 본다(Gillen 91). 한편, 주디쓰 루프는 전자의 관점을 작품전체로 확대해 레베카에 들어있는 잔악한 행위들을 풀어내는 의식으로 본다. "드라마에서 레베카의 극적 액션은 데블린을 자극해 홀로코스트에 그녀가 연루될 것에 대한 고백을 이끌어내는" 것으로 본다(Burkman 92). 파워게임과 고백의식은『재는 재로』의 플롯을 이끌어가는 두 개의 동인이다. 서로 지배당하지 않고 우위에 서려는 투쟁과 레베카 자신의 마음속에 새겨있는 잔악한 행위들에 대한 고백이 병행된다.

액션은 여름의 초저녁에, 바깥에 정원이 있는 시골집의 1층 거실에서 벌어진다. 등장인물은 두 남녀. 남자의 이름은 데블린이고 여자의 이름은 레베카이다. 연극이 시작되면서 무대 위에 데블린은 마실 것을 들고 서 있고 레베카는 안락의자에 앉아 있다.

첫 액션은 레베카와 데블린의 힘겨루기로 나타난다. 그 힘겨루기는 물론 언어로 나타난다. 레베카가 대화의 기선을 잡고 있다. 그녀는 자신의 애인과 어떻게 사랑을 나누었는지에 대한 묘사로 이야기를 시작한다. 레베카의 옛 애인은 그녀를 내려다보면서 주먹을 쥐곤 했다고 한다. '그'가 주먹을 쥐는 행위는『파티타임』제6장에서 더글라스가 평화에 대해 이야기하면서 주먹을 쥐는 제스처를 떠올리게 한다. 베네딕트 나이팅게일(Benedict Nightingale)은 실비아 플래스(Silvia Plath)의 시구 중 "모든 여성은 얼굴을 장화로 밟는, 파시스트를 흠모한다. 당신과 같이 짐승 같은 사람의 야만적인 마음을 흠모한다"를 인용해 여성과 주먹을 쥔 남성과의 관계를 설명한다. 실비아 플래스가 아버지를 야만적 파시스트로 그려내듯이, 레베카도 기억 속의 애인을 그렇게 그려낸다.

레베카의 기억 속의 애인은 그녀의 목을 잡고 뒤로 넘기기 시작한다. 몸이 뒤로 넘어가고 다리가 벌어질 때까지 그녀를 누른다. 기억 속의 애인과 벌이는 레베카의 성애는 이처럼 가학 피학성으로 나타난다. 이들의 성애적 행위에서 남자의 폭력은 오히려 여자에게 긍정적으로 작용하는 것같이 들린다. 다시 말해 레베카에게 매력으로 작용하는 것 같다. 그러나 레베카가 또다른 무엇을 느끼고 있음을 말 중간중간에 나타나는 세 점(three dots)으로 알 수 있다.

한편 레베카의 이야기에 귀를 기울이던 데블린은 레베카가 옛 애인의 행위를 서술하면서 과거시제가 아니라 레베카를 유도하기 위해 현재시제로 "최면에 걸린 것 같아?"(168)라고 묻는다. 이렇게 함으로써 레베카의 옛 애인과 자신을 동일시하려 한다. 그러나 레베카는 그의 그런 행위에 완강히 저항한다. 레베카는 그의 질문에 대해 "아니"라고 답한다. 그리고 그의 질문을 어떻게 생각하는지 알고 싶어하는 데블린에게 "바보 멍청이라고 생각해"(169)라고 쏘아준다. 데블린은 이에 굴하지 않고 레베카의 옛 애인과의 동일시를 꾀하기 위해 좀더 적극적으로 레베카에게 접근한다. 레베카를 지배했던 과거 애인의 모습을 집요하게 알려고 한다. 손 이외에 눈에 대해서도 알기를 원한다. 나아가서 레베카를 "나의 달링"이라고 부른다. 레베카는 앞에서와 마찬가지로 "나는 누구의 애인도 아니야"(172)라고 거부할 뿐만 아니라 데블린이 알고 싶어하는 그의 모습을 말해 주지 않는다. 그러면서 레베카는 화제를 그의 모습에서 그의 직업으로 바꾸어 버린다.

앞에서 애인과 어떻게 사랑을 나누기 시작했나를 서술할 때처럼 여기서도 레베카는 대화를 주도하는 위치에 있다. 레베카는 앞에서와 마찬가지로 아직 옛 애인에 대한 관심에서 벗어나지를 못한다. 그녀의 애인은 여행사 직원으로 가이드일 때문에 그녀를 떠났다는 것이다. 그런데 레베카에 따르면 사실 그의 실체는 막중한 책임을 맡은 정부 고위관리였다. 그는 나치 독일의 노예처럼 직원들을 부리는 공장의 책임자였다. 바로 그러한 그가 레베카를 공장에 데리고 갔다. 레베카가 방문했던 그 공장이 바로 나치 전범인 알버트 스피어가 계획하여 만들었던 공장과 관련 있다(Burkman 88). 그 공장의 특징은 질서, 청결, 지도자에 대한 절대적 믿음, 그리고 지도자의 확신에 찬 목표이다.[3] 그리고 공장 직원들은 그가 인도한다면 절벽을 넘어 바닷속까지도 따라갈 정도로 맹목적으로 순종했다고 레베카는 서술한다.

레베카의 옛 애인과 공장 직원들의 관계는 레베카와 옛 애인의 관계와 닮았다. 레베카가 옛 애인의 파시스트적 매력에 압도되어 비판 능력을 잃어버린 것처럼 이곳의 공장직원들도 그러하다. 한 지도자의 명령에 따라 어떤 희생이라도 감수하면서 일사천리로 움직이는 이들을 레베카는 "음악적"이라고까지 한다.[4]

사이렌 소리 때문에 레베카는 과거의 회상에서 현재로 돌아온다. 그녀가 매우 신경이 날카로워져 있음을 토로하는데 그 이유는 1,2분 전에

---

3) 그러나 그곳 공장 직원들은 제대로 옷도 입지 못한 채, 습하고 화장실도 없는 악조건 하에서 일했다.
4) 그러나 한편 레베카는 공장에 대해 이야기할 때, 옛 애인과의 관계에 대해 이야기할 때와 마찬가지로 가끔 말을 잇지 못하고 잠시 머뭇거리다(세 점으로 표시됨) 이야기를 계속한다. 화장실이 없다는 사실을 말할 때, 그리고 그 애인이 기차역에서 소리를 질러대는 엄마들에게서 아기를 빼앗아 갔다는 사실을 말할 때, 세 점과 '사이'를 통해 그녀의 머뭇거림이 표현된다.

들었던 사이렌 소리 때문이라는 것이다. 레베카의 사이렌 소리에 대한 강박적 반응은 한편 그녀 마음의 진실을 알려준다. 그녀가 사이렌 소리를 아름답다고 하는 것과 "그리고 그가 그들을 앞장서서 인도할 때는, 늘 합창을 했대"(176)와 그가 그녀를 연주함에 따라 목과 몸이 뒤로 넘어가고 그러면서 다리가 벌어졌던 것에는 어떤 공통점이 있다. 사이렌 소리를 아름답다고 하는 그녀도, 바닷속까지도 기꺼이 쫓아가는 공장 직원들도, 파시스트적 위력으로 그들을 지배하는 그에게 최면에 걸린 것이다. 파시스트적 위력에 최면이 걸려 있는 한 이들에게는 그의 행위를 비판할 힘이 없을 뿐만 아니라 그것을 아름답다고까지 생각한다.

레베카가 이처럼 계속 최면에 걸려 있는 상태에 있고 싶은 것을 포착한 데블린은 그것을 이용하려 한다. 데블린은 그녀가 옛 애인을 언제 만났는지에 대해 알아내려 한다. 그가 이처럼 집요하게 그에 관한 정보를 얻고 싶어하는 것은 그녀의 옛 애인을 유일하게 자신의 경쟁자로 생각하기 때문이다. 뿐만 아니라 그 위치에 자신이 올라서고 싶기 때문이다. 그러나 레베카는 데블린에게 기회를 주지 않는다.

그녀는 화제를 바꾸어 버린다. 엉뚱하게 빨래감 목록을 적던 펜에 관해 이야기를 한다. 그러나 이것은 전혀 엉뚱한 것이 아니다. 왜냐하면 펜은 그저 사물만은 아니기 때문이다. 그 펜은 엄마의 품에서 빼앗긴 아기처럼 순결하다. 옛 애인에 대해 경쟁심리를 가지고 있는 데블린은 펜의 순결을 인정하지 않는다. 데블린은 레베카가 옛 애인의 손에 의해 최면에 걸려 지배당하듯이, 펜도 최면에 걸려 누군가의 손에 의해 이미 더러워졌을 수도 있음을 주장한다. 그러나 그의 주장은 레베카의 벽에 부딪힌다. 데블린은 이때 레베카를 자신의 손아귀에 넣기가 상당히 힘들다는 사실을 다음과 같이 인정한다.

나는 당신을 고리로부터 빼버릴 거야. 눈치챘어? 나는 당신을 미끄러지게 내버려둘 거야. 어쩌면 미끄러지는 것은 나일지도 몰라. 매우 위험해. 눈치챘어? 나는 유사 속에 빠진 상태야.(184)

데블린이 "나는 유사 속에 빠진 상태야"라고 말을 끝내자마자 레베카는 이에 "신처럼"이라고 응한다. 이 "신처럼"이라는 말이 데블린에게 다시 힘을 실어 주는 역할을 한다. 데블린은 신은 유사 속에 빠져 있지 않다라고 주장한다. 그렇게 되면 세상은 부재, 교착상태, 마비에 이를 것이라 한다. 그리고 만약에 신이 존재하지 않는다면 레베카가 경험한 잔악함을 누가 다룰 수 있겠는가 하고 반문한다. 데블린은 한걸음 더 나아가 신을 인간의 차원으로 끌어내린다. 미용사가 신일 수도 있다는 것이다.[5] 데블린은 곧 미용사와 같은 행위를 했던 그녀의 옛 애인의 이야기로 옮아간다. 데블린이 그녀의 옛 애인에게로 이야기를 옮긴 것은 의도적이다. 그에 대해 완전히 알아냄으로써 그녀를 지배하려는 의도에서이다. 그러나 레베카는 그의 작전에 넘어가지 않는다.

그녀는 환상 아니면 기억 속의 또다른 이야기를 하기 시작한다. 이때부터 레베카는 변화를 준비한다. 자신이 저지른 행동에 대해 책임을 인식하기 시작한다. 그녀의 이야기는 다음과 같다. 도르셋에서 그녀는 창문을 통해 괴기한 광경을 목격한다. 그때 레베카는 혼자 있었다. 사람들은 숲을 통해 바다로 향해 가고 있었다. 누군가가 그들을 인도했다. 마침내 사람들은 모두 바다에 빠지고 짐만이 파도에 따라 출렁거렸다. 데블린은 당황하여 "그게 언제였어? 당신이 도르셋에서 언제 살았어? 나는 한 번도 도르셋에서 산 적이 없는데"(187)라고 하지만 이에 레베

---

5) 머리를 완전히 그에게 맡기기 때문에 그녀의 목숨이 그에게 달려 있다. 그러한 관점에서 보면, 미용사는 인간의 목숨을 관장하는 신의 위치에 있다.

카는 전혀 반응을 보이지 않는다. 도르셋에서 바다로 항해 간 사람들 이야기 바로 직후에 정신 상피병에 대해 이야기한다. 어떤 누군가가 정신 상피병에 걸려 환상이 만들어낸 물 속에 빠져 질식한다면, 그것은 다른 누구의 책임이 아니라 바로 자기 자신의 책임이라는 것이다. 상피병에 걸려 질식해 죽는다면 그자는 상피병의 희생물이 아니라 바로 그 자신이 죽음의 원인이라는 것이다. 정신 상피병 이야기 이후 레베카의 태도가 변화하기 시작한다. 더 이상 수동적으로 당하는 입장이거나 거리를 두고 외부에서 벌어지는 사건을 보는 구경꾼이 아니다. 그녀가 스토리의 주인공 "I"가 된다.

정신적 상피병에 이어 "얼어붙은 도시" 이야기를 레베카는 자신이 주인공이 되어 이야기한다. 그 이야기를 시작할 때 누군가가 그녀를 "자기"(189)라고 부르는 소리를 듣게 된다. "자기"는 이제 공장의 방문객이 아니라 공장의 직원들과 같은 상황에 처하게 된다. 그녀 자신이 갔었던 얼어버린 도시의 길거리는 진흙으로 덮여 있고 얼어붙어 있었다. 거기에 눈이 있었다. 그런데 그 눈은 흰색이 아니었다. 그 속에 핏줄이 흐르고 있는 것 같았다고 한다. 그러한 길을 걸어 기차역에 도착했을 때, 그녀의 가장 친한 친구가 소리를 질러대는 엄마들에게서 아기를 빼앗는 것을 보았다고 한다. 레베카의 이야기는 강력한 힘을 발휘하면서 데블린을 압도한다. 데블린은 이에 굴하지 않고 다시 기선을 잡기 위해 화제를 일상적 이야기로 돌린다. 레베카의 동생 킴의 부부문제, 동생과 조카들을 만났던 이야기 등으로 화제를 돌리나 레베카는 코미디 영화를 보러 갔던 극장에서 그녀 앞에 시체같이 앉아 있던 남자의 이야기를 끄집어냄으로써 데블린에 대한 일상의 이야기는 어떤 효력도 발휘하지 못한 채 실패로 끝나게 된다.

『재는 재로』의 플롯은, 앞에서도 언급했듯이 한편으로는 레베카가 그와 연관된 여러 에피소드들을 고백함으로써 옛 애인에 의해 걸린 최면상태를 벗어나 자신 속에 들어있는 잔악한 행위들을 풀어내는 의식이며, 또 한편으로는 데블린이 레베카의 관계에서 레베카의 옛 애인의 위치를 차지하려는 투쟁이다. 이 두 액션은 긴밀하게 연관되어 있다. 레베카는 데블린과의 파워게임에서 의도적으로 자신의 과거를 고백하면서 데블린으로 하여금 심리적으로 그녀의 옛 애인과 동일시하도록 유도한다. 레베카는 데블린과 파워게임을 벌이면서, 그녀의 옛 애인처럼 파시스트적으로 군림하려는 데블린에게 끝까지 저항한다. 그것이 오히려 역작용을 일으켜, 데블린으로 하여금 레베카의 옛 애인과 자신을 성공적으로 동일시하게 만든다. 이제 레베카에게 남은 마지막 액션은 옛 애인도 현재의 연인도 거부하는 것이다.

데블린은 일상적 이야기로 화제를 끌고 가면서 다시 시작하자고 레베카에게 제안한다. 레베카는 그럴 수 없다고 완강히 거부한다. 이때부터 레베카와 데블린은 '시작'과 '끝' 게임을 시작한다. '시작'과 '끝' 게임은 레베카가 옛 애인과 데블린으로부터 결정적으로 벗어나게 한다. 레베카에게 과거는 그녀의 일부이기 때문에, 다시 말해 그녀로부터 과거를 떼버릴 수 없기 때문에 그녀는 다시 시작할 수 없다. 레베카에게 역사는 그녀를 가두는 단순한 과거의 사실성이 아니라 그녀 자신을 비-희생자로서 재구성하면서 자신의 힘을 발견하는 곳이기 때문이다 (Gillen 91). 그러나 현재와 과거를 필연적 관계로 인식하는 것이 아니라 단지 외부적 사실에 지나지 않는 것으로 인식하는 데블린(Burkman 91)은 언제든지 외부 현실을 마치 없는 듯 배제함으로써 다시 출발할 수 있다. 그러나 레베카의 경우는 그 반대로 나타난다. 그녀의 시작은 한 번만 있을 뿐이다. 지구가 종말을 맞을 때까지 홀로코스트와 같은 잔악한 행위들은 영원히 계속될 것이므로 그녀에게 다시 시작할 기회가 찾아올 수 없기 때문이다.

레베카는 더 이상 데블린에게 공격할 시간을 주지 않기 위해 노래를 하기 시작한다. 침묵 후에 부드럽게 부르는 노래의 시작은 "Ashes to Ashes"로 작품의 제목이다. 질렌은 'Ashes to Ashes'를 "초월적 죽음을 의미했던 재에서 파시스트와 같은 권력의 희생물이 된 재"(96)로 해석한다. 데블린과 레베카는 노랫가락을 한 소절씩 번갈아 부른다. 데블린은 표면적 다정함을 이용하여 레베카에 대한 게임을 다시 시작하려한다. 그는 '사랑'을 화제로 올리면서 자신의 화낼 권리까지 들먹거리지만 레베카는 이에 전혀 반응하지 않는다. 잠시 침묵 후에 레베카는 자신의 과거 한 장면에 대해 서술하기 시작한다. 그 장면은 별이 총총히 뜬 밤에 도시 중심부의 한 고층 건물의 방에서, 난민으로 보이는 노인과 어린 소년이 가방을 끌면서 손잡고 걸어가고 있는 광경이다. 그런데 갑자기 한 여인이 품에 아기를 안고 그들을 따라가고 있었다. 길거리는 얼어붙었고 미끄러웠다. 그들이 코너로 사라져 버릴 때까지 그녀는 남자와 소년을 쫓아갔다. 레베카는 이야기 중에, 아기가 살아 숨쉰다는 사실, 즉 아기의 심장이 뛰고 있었다는 사실을 두 번 강조한다. 레베카가 하고 있는 이야기는 그저 목격담이 아니라 레베카를 괴롭히는 마음속의 가책을 토로하는 것으로 볼 수 있다. 이처럼 데블린이 레베카를 지배하려는 작전은 오히려 레베카로 하여금 그녀의 고통스러운 순간을 고백하게 한다.

조명이 어두워지고 램프가 밝게 켜지면서 갑자기 'she'가 'I'로 바뀐다. 이 순간에 레베카는 그녀의 고통을 객관화하지 않고 자기 자신의 고통으로 변화시킨다. 보따리 속의 아기를 어떤 여인이 안고 있었던 것이 아니라 바로 레베카 자신이 안고 있는 것으로 변화시킨다. 더 나아가 보따리 속에 숨을 쉬고 있었던, 바로 그 아기를 레베카 자신이 검문

관에게 주어 버렸다는 것이다. 이렇게 이야기를 변경함으로써 레베카는 자신이 이와 같은 잔악한 행위가 자행되도록 묵인했음을 자인하는 효과를 얻게 된다.

아이러니하게 바로 이때 작품의 시작에서 레베카가 서술했던 옛 애인의 행위를 데블린이 따라하는 것은 레베카의 옛 애인처럼 절대자로 군림하고 싶은 욕망의 분출이다. 그러나 데블린의 이러한 재현이 이루어지게 된 배후에는 레베카의 의도가 작용했다. 레베카가 데블린으로 하여금 그런 행동을 하도록 유도한 것이다.

데블린은 주먹을 쥐고 그 주먹을 그녀 앞으로 들어올린다. 그리고 그의 왼쪽 손을 그의 목 뒤에 대고 목을 쥔다. 그녀의 머리를 그의 주먹으로 가져온다. 그의 주먹을 그녀의 입에 댄다. 데블린은 레베카와 그녀의 옛 애인이 했었던 행동을 그대로 재현한다. 그녀의 기억 속에 들어 있던 옛 애인의 행동을 데블린이 이처럼 재현하는 것은 레베카가 대면해야 할 꼭 필요한 단계이다. 그녀 자신도 연루되었던 잔악한 행위들에서 벗어나려면 우선 그녀를 최면에 걸어 의식을 마비시켰던 옛 애인에게서 벗어나야 하기 때문이다.

데블린이 옛 애인의 행위를 재현하는 가운데 레베카에게 진정한 변화가 찾아온다. 데블린은 레베카 애인과의 관계에서 했던 제스처와 대사를 반복하라고 청하나, 그녀는 어떤 반응도 하지 않는다. 데블린이 요구하는 대로 행동은 물론 말도 하지 않는다. 할 수 없이 데블린은 단독으로 그의 손을 그녀의 목에 갖다대고 부드럽게 누른다. 그녀의 머리가 뒤로 넘어간다. 그러나 그녀는 더 이상 반응을 보이지 않고 그 자세 그대로 가만히 있는다.

그때 레베카가 말하기 시작한다. 그러나 그 말은 데블린에게 하는 것이 아니다. 그것은 그녀 자신과의 대화이며, 그녀의 과거와 현재의 만

남이다. 그녀의 대사는 메아리가 된다. 데블린은 자신의 역할이 어떤 효력도 발휘하지 못하자 쥐었던 손을 푼다. 이제 레베카는 데블린과 옛 애인으로부터 벗어나게 되었다. 그녀는 최면상태로 이루어진 그녀 자신의 과거 행동에서 벗어나게 된 것이다. 그녀가 현재의 애인이 요구하는 과거의 재현을 거부할 때, 그녀는 옛 애인으로부터 뿐만 아니라 현재의 애인에게서 벗어날 수 있게 된 것이다. 이제 그녀는 과거의 실상을 보게 되었고, 그것의 끔찍한 사실을 인식하게 되었다. 그 끔찍한 사실은 바로 그녀가 아기를 주어 버렸다는 것이다. 그녀도 잔악한 행위를 행하는 남자와 관계를 맺음으로써 그러한 행위가 벌어지도록 묵인했다는 것이다. 이 마지막 장면은 앞에서 데블린에게 레베카가 누구의 애인도 어느 누구의 아기도 아니라고 주장할 때, 그녀는 자신의 악몽인 아기의 상실을 마음속에 담고 있었다.[6] 그녀는 자신의 아기를 포기한 죄를 짓고 있었다. 그러한 죄의식은 레베카만의 것이 아니고 홀로코스트에서 살아 남은 모든 사람들의 것이다.

핀터는 단순히 잔악한 행위의 연루를 고백하는 의식으로 연극을 끝내지 않는다. 한 걸음 더 나아가 레베카로 하여금 아기의 존재를 부정하게 한다. 어떤 여인이 아기에게 무슨 일이 벌어졌냐고 묻는다. "아기에게"라는 메아리 후에 레베카의 대사는 현재시제로 바뀌게 된다. "어디 있니, 아기는?"라는 질문에 "나는 아는 게 없어, 어떤 아기에 대해서도"라고 대답함으로써 바로 앞에서 "그래서 나는 그에게 줬어, 보따리를"을 부정해 버린다. 그리고 긴 침묵이 흐르고 암전으로 연극은 끝이 난다.

---

6) 레베카의 죄의식은 홀로코스트를 직접 경험했기 때문에 죄의식을 느끼는 것이 아니라 그러한 역사 속에 살고 있다는 사실만으로도 그 사건에 연루되는 것이기 때문에 느끼는 것이다. 이러한 상황을 핀터가 시적으로 그려내는 것이므로 이것을 사실주의로 받아들여서는 안 된다.

레베카가 연루된 것을 부인하는 것을 어떻게 보아야 하나? 그녀는 너무 무서워 자신의 연루를 대면할 수 없는 것인지도 모른다. 계속되는 메아리, 그것이 비록 부정적 결과를 낳았다 할지라도 그것이 레베카로 하여금 그녀의 목적을 완수하게 한다. 메아리는 그녀가 작품 내내 찾던 고통에 대한 대안을 마련하는 것일 수도 있다. 이제 레베카는 데블린과 옛 애인의 통제로부터 벗어났다. 그들의 통제에서 벗어났다는 것은 그녀가 최소한 잔악한 행위를 이제 묵인하지는 않을 가능성이 열렸다는 것이다.

이 작품은 우리 시대의 잔인성에 대한 일련의 이미지들을 제시하는 것으로 볼 수 있다. 엘리어트가 『황무지』에서 20세기 초 세계의 황량함의 이미지들을 함께 엮었다면, 『재는 재로』는 20세기 후반의 훨씬 더 잔인한 그림을 펼친다. 이 작품은 작가가 깊이 느끼는 현 세계에 대한 주관적 비전일 수 있다. 현재의 애인은 물론 옛 애인과의 잔인한 사랑의 행위는 아기를 잃어 버렸던 고통과 더불어 현대의 폭력적 그리고 파괴적 이미지들의 대표라 할 수 있다.

참고문헌 ───────────────────────

- Aragay, Mireia. "Writing, Politcs, and *Ashes to Ashes*: An Interview with Harold Pinter." *The Pinter Review: Annal Essays 1995 and 1996* : 4-15.
- Baker-White, Robert. "Violence and Festivity in Harold Pinter's *The Birthday Party, One for the Road, and Party Time.*" *The Pinter Review: Annual Essays* 1994 : 61-75.
- Billington, Michael. *The Life and Work of Harold Pinter*. London: Faber and Faber, 1996
- Burkman, Katherine H. "Harold Pinter's *Ashes to Ashes*: Rebecca and Devlin as Albert Speer." *The Pinter Review: Collected Essays 1997-1998*: 86-96.
- ─────── "Echo[es] in Moonlight." *The Pinter Review: Annual Essays 1994*: 54-60.
- Esslin, Martin. "Harold Pinter: from *Moonlight* to *Celebration*." *The Pinter Review: Collected Essays 1999 and 2000* : 23-30
- Gillen, Francis. "History as a Single Act: Pinter's Ashes to Ashes." *Cycnos* 14(1997) : 91-97.
- ─────── "'Whatever Light is Left in the Dark?' Harold Pinter's *Moonlight.*" *The Pinter Review: Annual Essays 1992-93* : 31-37.
- Gussow, Mel. *Conversation With Pinter*. New York: Grove press, 1994.

해롤드 핀터 작품 연보

작품을 쓴 해		초연된 날짜
1955년	『심문』(The Examination)	(단편 소설)
1957년	『방』(The Room)	1957년 5월 15일
1957년	『생일파티』(The Birthday Party)	1958년 4월 28일
1957년	『벙어리 웨이터』(The Dumb Waiter)	1960년 1월 21일
1958년	『가벼운 통증』(A Slight Ache)	1959년 7월 29일
	『핫하우스』(The Hothouse)	1980년 4월 24일
1959년	『시사풍자극』(Revue Sketches) —	
	「일터에서의 고충」(Trouble in the Works)과	
	「흑과 백」(The Black and White)과	1959년 7월 15일
	「버스 정류장」(Request Stop),	
	「마지막 한 부」(Last to Go)와	1959년 9월 23일
	「특별한 제안」(Special Offer)	
	「넌 그게 문제야」(That's Your Trouble)	
	「그것뿐이에요」(That's All),	
	「인터뷰」(Interview)와	1964년 2월 – 3월
	「세 사람을 위한 대화」(Dialogue for Three)	
1969년	「밤」(Night)	1969년 4월 9일
1959년	『밤나들이』(A Night Out)	1960년 3월 1일
1959년	『관리인』(The Caretaker)	1960년 4월 27일
1960년	『야간 학교』(Night School)	1960년 7월 21일
1960년	『난쟁이들』(The Dwarfs)	1960년 12월 2일
1961년	『컬렉션』(Collection)	1961년 5월 11일
1962년	『정부』(The Lover)	1963년 3월 28일
1963년	『티파티』(Tea Party)	1965년 3월 25일
1964년	『귀향』(The Homecoming)	1965년 6월 3일
1966년	『지하 아파트』(The Basement)	1967년 2월 28일
1967년	『풍경』(Landscape)	1968년 4월 25일
1968년	『침묵』(Silence)	1969년 7월 2일
1970년	『옛 시절』(The Old Times)	1971년 6월 1일

1972년	『독백』(*Monologue*)	1973년 4월 10일
1974년	『사장된 땅』(*No Man's Land*)	1975년 4월 23일
1978년	『배신』(*The Betrayal*)	1978년 11월 15일
1980년	『가족의 목소리들』(*Family Voices*)	1981년 1월 22일
1982년	『빅토리아 역』(*Victoria Station*) 1982년에 *Other Places* 라는 제목으로 『가족의 목소리들』, 『빅토리아 역』 그리고 『일종의 알래스카』를 3부작으로 공연	
1983년	『정확하게』(*Precisely*)	1983년 12월 18일
1984년	『최후의 한 잔』(*One for the Road*)	1984년 3월
1988년	『산골 사투리』(*Mountain Language*)	1988년 10월 20일
1991년	『새로운 세계 질서』 (*The New World Order*)	1991년 7월 19일
	『파티타임』(*Party Time*)	1991년 10월 31일
1993년	『달빛』(*Moonlight*)	1993년 9월 7일
1996년	『재는 재로』(*Ashes to Ashes*)	1996년 9월 12일
2000년	『축하파티』(*Celebration*)	2000년 3월 16일

해롤드 핀터가 극작에 관해 쓴 글과 연설

1961	「나 자신을 위한 글쓰기」(Writing for Myself)
1962	「극작에 대하여」(Writing for the Theatre)
1970	「1970년 독일 함부르그에서 한 저먼 셰익스피어 프라이즈 수상 소감 연설」 ("A Speech made by Harold Pinter in Hambourg, West Germany on being awarded the 1970 German Shakespeare Prize")

해롤드 핀터 전집 순서

1. 이후지 「극작에 대하여」(Writing for the Theatre), 『생일파티』(The Birthday Party), 『최후의 한 잔』(One for the Road), 『산골 사투리』(Mountain Language), 『시사 풍자극』(Revue Sketches), 『심문』(The Examination)

2. 이현주 『벙어리 웨이터』(Dumb Waiter), 『핫하우스』(The Hothouse)

3. 김세영 『밤나들이』(Night Out), 『정부』(The Lover) 『티파티』(Tea Party), 『지하 아파트』(The Basement)

4. 김미량 『관리인』(The Caretaker), 『방』(The Room)

5. 김소임 「나 자신을 위한 글쓰기」(Writing for Myself), 『귀향』(The Homecoming), 『가벼운 통증』(A Slight Ache), 『야간 학교』(Night School)

6. 서영윤 「1970년 독일 함부르그에서 한 저먼 셰익스피어 프라이즈 수상 소감 연설」(A Speech made by Harold Pinter in Hambourg, West Germany on being awarded the 1970 German Shakespeare Prize), 『컬렉션』(The Collection), 『풍경』(Landscape), 『침묵』(Silence), 『옛 시절』(Old Times)

7. 권경수 『사장된 땅』(No Man's Land), 『난쟁이들』(The Dwarfs), 『축하파티』(Celebration)

8. 정경숙 『배신』(Betrayal), 『빅토리아 역』(Victoria Station), 『일종의 알래스카』(A Kind of Alaska), 『가족의 목소리들』(Family Voices), 『독백』(Monologue)

9. 오경심 『달빛』(Moonlight), 『파티타임』(Party Time), 『정확하게』(Precisely), 『새로운 세계 질서』(The New World Order), 『재는 재로』(Ashes to Ashes)